Monika Ebeling

Die Gleichberechtigungsfalle

Monika Ebeling

Die Gleichberechtigungsfalle

Ich habe mich als Gleichstellungsbeauftragte für Männer eingesetzt und wurde gefeuert

HERDER

FREIBURG · BASEL · WIEN

Für meinen Mann Harald

FSC
www.fsc.org
MIX
Papier aus verantwortungsvollen Quellen
FSC® C106847

www.herder.de

Umschlaggestaltung: P.S. Petry & Schwamb, Freiburg
Umschlagmotiv: © iStockphoto / Zack Blanton

Satz: Layout Kendlinger Mediendesign, Freiburg
Herstellung: fgb · freiburger graphische betriebe
www.fgb.de

Printed in Germany

ISBN 978-3-451-33195-4

Inhalt

1. Gleichstellung und Feminismus

Meine Abberufung

Nach der Niedersächsischen Gemeindeordnung kann der Rat einer Kommune eine Gleichstellungsbeauftragte mit einfacher Mehrheit abberufen. Das ist am 17. Mai 2011 bei meiner Abberufung als kommunale Gleichstellungsbeauftragte der Stadt Goslar so geschehen. Eigentlich nichts Besonderes, sondern eine politische und zudem demokratische Möglichkeit, die der Gesetzgeber regelt. Allerdings haben die Umstände und die Argumente, die zu meiner Abberufung führten, dann doch bundesweit für Furore gesorgt.

In der Pressemitteilung der Stadt Goslar am Tag nach meiner Abberufung heißt es: „Monika Ebeling wurde vorgehalten, ihrer Aufgabe gemäß § 5 a Niedersächsische Gemeindeordnung, zur Verwirklichung der Gleichberechtigung von Männern und Frauen beizutragen, nicht gerecht geworden zu sein, da sie sich zu sehr mit Männerthemen befasst hat, sowie mangelnde Team- und Kommunikationsfähigkeit." Der offizielle Sprachgebrauch und die Geschichte, wie ich sie erlebte, differieren erheblich.

Initiiert hatte die Abberufung eine Gruppe von frauenpolitisch aktiven Frauen, denen insbesondere mein männerpolitisches Engagement als Gleichstellungsbeauftragte nicht gefiel. Ich war ihnen wohl auch zu kritisch was die typischen Frauenthemen angeht. Meine Haltung zum Feminismus hat ihnen ebenfalls missfallen. Denn die alten und mir seit Jahrzehnten bekannten frauenpolitischen und feministischen Argumente verwende ich heute nicht mehr ungeprüft, sondern gleiche sie längst mit meinen Lebens- und Berufserfahrungen ab. Ich komme dann manchmal zu anderen, neuen Resultaten. Das empfinde ich als eine intellektuelle und menschliche Bereicherung. Für andere lauert in meinen Aussagen womöglich eine Gefahr. Dafür habe ich Verständnis, es macht meine Gedanken und Schlüsse aber nicht falsch.

Wenn man jahrzehntelang frauenpolitisch unterwegs ist, will man das Errungene erhalten. Vielleicht wird man auch einseitig parteilich und verliert den Blick für andere Zusammenhänge. Mir ist das als Frau, „Frauenrechtlerin" und „Feministin" sicher auch eine Zeit lang so gegangen. Aber ich habe meine Haltung geändert, nicht erst in den drei Jahren als Gleichstellungsbeauftragte. Ein wesentlicher Punkt dieser Veränderung ist für mich die Inklusion der Jungen, Männer und Väter in mein Denken über die Gleichstellung von Mann und Frau. Ich habe der einseitigen Parteilichkeit für Frauen Adieu gesagt und mein Herz für Jungen und Männer wiederentdeckt und das ist auch gut so. Mein Herz für Frauen habe ich damit nicht verloren, wie mir bestimmte Frauen vor Ort gern unterstellen möchten.

In Goslar waren zu Beginn meiner Tätigkeit als Gleichstellungsbeauftragte schon bald einige der dort seit Jahrzehnten frauenpolitisch aktiven Frauen gegen mich. Diese Gegnerschaft fing sehr früh an. Ich war, erst wenige Monate im Amt, mit zwei „Blauen Weihnachtsmännern" über den wunderschönen Goslarer Weihnachtsmarkt gegangen. Gemeinsam mit diesen Männern wollte ich darauf aufmerksam machen, dass es Väter gibt, die den Heiligen Abend allein verbringen müssen. Das passte sehr schön in die Zeit, nicht nur weil Weihnachten war, sondern weil es bald Erziehungszeiten für Väter geben sollte. Vielen Vätern wird jedoch von den Müttern der Umgang mit ihren Kindern, nicht nur an Weihnachten, verwehrt. Das Bundesjustizministerium hat das bereits in einer Studie bestätigt. Obwohl diese ausgegrenzten Väter Sorgerecht haben, hilft dies ihnen nicht, ihre Kinder sehen zu können, weil die Mütter es nicht wollen. Oft erhalten diese Männer sogar die Weihnachtspost, die sie an die Kinder schicken, mit dem Vermerk „Annahme verweigert“ zurück. Ich finde so ein Verhalten von Frauen herzlos und den Kindern gegenüber sehr problematisch. Kinder brauchen für eine gesunde Entwicklung ihren Vater. Väter auszugrenzen entspricht nicht dem richtigen Credo, auch nach Trennung oder Scheidung Eltern zu bleiben. Väter auszugrenzen ist nur mit deutlicher Ungleichbehandlung dieser Männer möglich. Diese Diskriminierung von Vätern wollte ich als Gleichstellungsbeauftragte nicht ignorieren.

Die Aktion mit den „Blauen Weihnachtsmännern“ hat die regionale Presse aufgegriffen. Natürlich haben die beiden Väter auch dafür gesorgt, dass sich die Sache via Internet in der sogenannten „Väterszene“ bundesweit herumsprach. Zu dem Zeitpunkt wusste ich nicht, welche Auswirkungen das haben würde. Ich hatte keine Ahnung von dem, was man „Väterszene“ geschweige denn „Männerbünde“ nennt. Mit den „blauen Weihnachtsmännern“ bin ich nur knapp zwei Stunden unterwegs gewesen. Wir haben mit Passanten gesprochen und uns kalte Füße geholt. Heute werde ich hier und da sogar als „Ikone der Väterbewegung“ gehandelt. Es ist schon doll, wie sich die Dinge entwickeln können.

Als ich mich erst einmal auf das gleichstellungspolitische Feld begeben hatte, kamen für mich immer mehr gleichstellungspolitische Ungereimtheiten zu Tage. So frage ich mich zum Beispiel, ob es gerecht ist, wenn Mädchen am „girls-day“ teilhaben können, die Jungen aber in der Schule bleiben müssen und kein adäquates Angebot nutzen können. Warum gibt es ein MINT-Programm (Mathe, Informatik, Naturwissenschaften, Technik) für Mädchen, aber nichts Vergleichbares für Jungen? Diverse Steuergelder werden in Frauenprojekte investiert, wo aber bleibt das Geld für entsprechende Männerprojekte?

Ich hatte in den drei Jahren als Gleichstellungsbeauftragte sicher mehr Fragen als Antworten parat, aber das hat diese Aufgabe für mich auch spannend gemacht. Über die „Kleinigkeiten" könnte man sicher ins Gespräch kommen, diskutieren und nach und nach Veränderungen einleiten. Es gab in der Zeit aber auch ein paar Punkte, da hörte der Spaß für mich auf, wie man so schön sagt. Den Anfang machte die Aktion mit den „blauen Weihnachtsmännern". Wenn es um Kinder geht, dann muss ich einfach handeln.

Ein nächster Meilenstein war die Ausstellung „Gegen Gewalt in Paarbeziehungen", die in meiner Kommune gezeigt werden sollte. Basierend auf einem klaren Veto „Gegen Gewalt gegen Frauen" und einem bundesweiten Aktionsplan „Gegen Gewalt gegen Frauen" durchziehen solche Ausstellungen und Aktivitäten die ganze Bundesrepublik. Es ist ja richtig, sich gegen Gewalt gegen Frauen einzusetzen. Das ist so selbstverständlich wie das Amen in der Kirche. Ich selbst lehne aber jede Form der Gewalt ab, unabhängig davon, wer Täter oder Opfer ist. In dieser Ausstellung wurde allerdings nur eine Form der Gewalt angeprangert, nämlich die, die von Männern ausgeht und sich gegen Frauen richtet. Ist das nicht sehr schmal gedacht und dazu noch einseitig?

Mit dem Bundesaktionsplan „Gegen Gewalt gegen Frauen" begibt sich bereits die Bundesregierung in die parteiliche Einseitigkeit für Frauen und legitimiert damit eine Ausstellung, wie sie in Goslar stattgefunden hat. Die Bundesländer haben nachfolgend Landesaktionspläne formuliert. Im Landesaktionsplan zur Bekämpfung von Gewalt gegen Frauen und ihre Kinder der Landesregierung Brandenburg heißt es zum Beispiel: „Häusliche Gewalt richtet sich vornehmlich gegen Frauen, aber auch Männer können Opfer sein. Direkt und indirekt sind auch Kinder von dieser Gewalt betroffen. Kinder, die in ihrer Familie Gewalt als Konfliktlösung erfahren oder beobachten, neigen später häufig dazu, selbst gewalttätig zu werden oder Gewalttätigkeit zu erdulden. Schon deshalb muss häusliche Gewalt verhindert werden." Man begnügt sich, im Text den Bezug auf männliche Opfer mit einem kleinen Nebensatzverweis herzustellen. Weibliche Täterschaft wird überhaupt nicht benannt und es gibt auch keine Hilfestellungen für gewalttätige Frauen. Das ist, soweit ich das überblicken kann, bundesweit so.

Weiter heißt es im Text: „Gleichstellungspolitisches Ziel ist es, für beide Geschlechter gewaltfreie Handlungsstrategien in der Konfliktbewältigung zu erlernen und Frauen und Männer zu stärken, Gewalttätigkeiten in Beziehungen abzulehnen." Das klingt geschlechtersensibel, aber dennoch bleibt man auch dort wieder in der parteilichen Einseitigkeit stecken, denn das Ziel sei es „mit den im Aktionsplan verankerten Maßnahmen der Gewalt gegen Frauen und ihre Kinder wirksamer als bisher entgegenzutreten." Auf diese Weise bleiben Männer am Ende doch nur als Täter übrig. Ich wollte das in Goslar nicht so stehen lassen und habe deshalb versucht, auf diese Ungerechtigkeit aufmerksam zu machen.

Für mich wird in der aktuellen Gleichstellungsarbeit oft nur der erste Halbsatz eines vollständigen Satzes formuliert. Ich bin gegen Gewalt gegen Menschen und mir ist es dabei egal, welches Alter, welche Rasse oder welches Geschlecht die Opfer haben. Es gibt für mich keinen Grund, die Gewalt gegen Frauen hervorzuheben und das männliche Geschlecht als Ganzes unter Generalverdacht zu stellen. Männer verallgemeinernd zu Tätern abzustempeln widerstrebt mir zutiefst. Es ist sachlich falsch, und es bringt einen bitteren Beigeschmack in das Miteinander von Frauen und Männern.

Als kommunale Gleichstellungsbeauftragte nehme ich an der Planungsgruppe für diese Ausstellung teil und höre, man möchte auch Schulklassen durch diese Ausstellung führen. Ich stelle mir vor, wie ein jungfräulicher Schuljunge sich darüber freut, einen Vormittag lang keinen Unterricht zu haben. Die Lehrerin hat eine tolle Idee. Sie erzählt von dieser Ausstellung und bereitet die Schulklasse darauf vor. Es soll eine Ausstellung besucht werden. Dem Jungen ist vielleicht egal, was das für eine Ausstellung ist, Hauptsache keine Schule. Dann reist die Klasse an und man geht miteinander lachend und juxend in das Gebäude. Pubertierende Jungen und Mädchen necken sich, und dann sehen sie die eindeutigen Bilder, in denen Männer mit der Hand ausholen, sich drohend und eindeutig gebärend vor ängstlichen Frauen aufbauen.

Von Anfang an habe ich ein ungutes Gefühl zu dieser Ausstellung, und das will sich nicht abschütteln lassen, im Gegenteil, es verstärkt sich. Es wird mir von Mal zu Mal unwohler, je mehr ich darüber nachdenke und je mehr Informationen ich zum Thema einhole oder erhalte. Ich versuche, meine widersprüchlichen Gedanken in der Planungsgruppe anzusprechen, das ist nicht einfach. Ich weiß ja, wie ernst man hier die eigene Haltung nimmt. Für mich hagelt es Vorwürfe von Seiten des Netzwerkes gegen häusliche Gewalt. „Was sie so auf ihrem Blog schreiben, ist unmöglich“, wirft man mir vor. So was hätte man noch nicht erlebt. „Was für abstruse Gedanken und exotische Studien sie hervorkramen.“ „Wo sind denn die Männer, von denen sie reden? Bei uns hat sich noch keiner gemeldet, der von seiner Frau so übel zugerichtet wurde, wie wir es von den armen Frauen kennen, die bei uns Hilfe suchen.“ „Ihnen fehlt ja vollends die Empathie für Frauen.“ „Sie sind eine Antifeministin und lassen sich mit dubiosen Männern ein.“ „Mit ihren Ansichten heizen sie den Geschlechterkampf an!“ So formulieren es die Damen und ein paar Herren des Netzwerkes „Häusliche Gewalt“.

Aber wie sollte ich eine solche Ausstellung fachlich richtig finden können? Unschuldige Jungen geraten unter den Generalverdacht, als hätten sie eine Erbsünde zu tragen. Ein Damoklesschwert hängt über jedem Mann. Jede Frau hat ein Totschlagargument in der Hand und gewalttätigen Frauen bietet man keine Präventionsstrategien an. Mit meinen Gedanken stehe ich in Goslar aber so ziemlich allein auf weiter Flur. Es gibt ein schönes Experiment, welches man auf Youtube (www.youtube.com/watch?v=LIFAd4YdQks) sehen kann. Zwei Schauspieler mimen ein sich streitendes Pärchen auf einer Parkbank. Die Frau schlägt auf den Mann ein, beschimpft ihn. Es gehen zahllose Menschen an dieser aggressiven Frau vorbei, obwohl sie sehen, dass der Mann sich nicht wehrt und nicht weiß, wie er auf diese Attacken reagieren soll. Dennoch hilft ihm so gut wie niemand. Niemand maßregelt die keifende, schlagende und aggressive Frau. Wir tun oft so, als wenn wir Gewalt generell verabscheuen und setzen uns für Menschenrechte weltweit ein. Wir sind stolz auf „unsere Friedensbewegung". Aber wenn ein Mann vor unseren Augen von einer Frau drangsaliert wird, dann lächeln wir, denken er hat es verdient und gehen vorüber?

Gewalt bleibt Gewalt, auch wenn sie von einer Frau ausgeübt wird. Durch Gleichstellungspolitik sind in die Debatte um häusliche Gewalt Doppelstandards eingeführt worden, die das weibliche Geschlecht begünstigen. Wir haben in diesem Kontext womöglich sogar unsere Empathie für Männer verloren.

Ich besuche die für diese Ausstellung zuständige Fachfrau im Landeskriminalamt in Hannover. Ich erkläre meine Bedenken zur Ausstellung „Gegen Gewalt in Paarbeziehungen" aus meiner gleichstellungspolitischen Sicht. Die Fachfrau scheint nachdenklich, aber nicht wirklich überzeugt. Etwas später erhalte ich von einem anderen Mitarbeiter dieser Behörde einen Anruf. Er dankt mir für die Rückmeldung und meint, er würde die Sache ähnlich sehen wie ich. Man mache sich mit der Ausstellung angreifbar, man würde dem Thema auf diese Weise auch aus therapeutischer Sicht nicht gerecht werden.

Bei dem Thema häusliche Gewalt denke ich an zwei Eisberge. Die sichtbare Eisbergspitze der körperlichen Gewalt, die von Männern gegen Frauen ausgeht, mag größer und höher sein, als die der Frauen gegen Männer. Den Blick und die Maßnahmen jedoch ausschließlich auf die größere Eisbergspitze zu richten, wirkt auf mich sehr beengt und einseitig. Es werden einfach andere Teilbereiche unterschlagen. Ich finde das falsch. Was wäre, wenn es mehr geschlagene Männer gäbe als wir glauben? Würden sie auf ein adäquates Helfersystem treffen? Würden sie über ihre Verletzungen und ihre Ohnmacht reden wollen/können? Würden sie in den vorhandenen Helfernetzwerken Gehör finden? Was könnte sie hindern über ihre Erfahrungen zu sprechen? Könnten sie den Gewaltvorwurf gegen ihre Frau glaubhaft machen? Könnte es ein Polizeibeamter über sich bringen, eine Frau des Hauses zu verweisen? Wie würde das Umfeld reagieren, wenn der geschlagene Vater mit den Kindern in der Wohnung bliebe, während die Mutter auf der Parkbank schläft? Ich kann mir die lebhafte Diskussion vorstellen, die solche und ähnliche Fragen auslösen könnten. Aber sollten wir deshalb vermeiden sie zu stellen? Aus meiner Sicht ist es richtig, solche und ähnliche Fragen in Fachkreisen zu erörtern. Es ist auch richtig, hier Männer zu Wort kommen zu lassen.

Während einer Zugfahrt lese ich das Handbuch zu der besagten Ausstellung. Im Text wird immer von Männern als Tätern und Frauen als Opfern gesprochen. Der Sprachgebrauch ist ansonsten korrekt. Durchgängig macht man sich die Mühe, beide Geschlechter zu benennen und spricht von Polizeibeamtinnen und Polizeibeamten, Netzwerkerinnen und Netzwerkern und so weiter. Aber nie heißt es Täter oder Täterin, weibliches oder männliches Opfer. Ich finde das inkonsequent. Es enttarnt aber auch die ideologische Denke und die einseitige Parteilichkeit für Frauen, die sich hier der Sache bemächtigt.

In einem Dokument der öffentlichen Verwaltung müssen immer beide Geschlechter benannt werden. Mal ganz davon abgesehen, dass es einfach falsch ist, zu glauben häusliche Gewalt wäre nur die Gewalt, die von Männern gegen Frauen ausgeht. Sprache schafft Realitäten. Es ist bekannt, dass Kinder mehr von mütterlicher Gewalt betroffen sind als von väterlicher. Hier werden sie jedoch allesamt unter den fragwürdigen Schutz des vermeintlichen weiblichen Opfers gestellt. Wir wissen auch, dass Frauen ihren Männern zu Hause die Hölle ganz schön heiß machen können. Es gibt sie, die Frau, die ihren Mann physisch und psychisch malträtiert und drangsaliert, auch wenn das die Vorstellungskraft oder die Kapazitäten mancher Netzwerke gegen häusliche Gewalt sprengt.

Die Ausstellung, die also in Goslar stattfinden soll, bedient die Öffentlichkeit fast zu 100 % mit einem einseitigen Täter-Opfer-Schema und macht alle Männer zu (potenziellen) Tätern. Uns Frauen zwängt dieser Denkansatz in ein „Daueropferkorsett“. Auch das missfällt mir, und ich möchte eine solche Ausstellung in der Kommune, für die ich tätig bin, am liebsten nicht sehen.

Die Planungsgruppe für die Ausstellung trifft sich erneut. Ich bin durch den Seiteneingang in das Landkreisgebäude gelangt und sitze nun an einem großen runden Tisch mit knapp zehn Netzwerkerinnen und Netzwerkern. Die Männer vertreten die Polizei, den Opferring und das Gericht. Die Frauen vertreten trotz öffentlicher Ämter und anders lautender Beauftragung einseitige Parteilichkeit, denn so wird argumentiert. Kaffee und die üblichen Kekse stehen auf dem Tisch. Die Moderatorin ergreift das Wort, und versucht den Stand der Absprachen zusammenzufassen. Mir ist mulmig zu Mute, als ich bei passender Gelegenheit meine Vorbehalte gegen die Ausstellung vortrage. Was ich da auf meinem Blog schreiben würde, wäre überaus problematisch, das sei ihr so noch nicht untergekommen, meint eine Sozialarbeiterin des Jugendamtes daraufhin. Ich könne ja einen Workshop durchführen, der die Sache der Männer aufgreift, wird mir von einem Polizeibeamten, der auch für den Opferschutz tätig ist, angeboten. Es ist die Rede davon, dass es vor Ort keine von häuslicher Gewalt betroffenen Männer gäbe und man sich hier auf die einseitige Parteilichkeit für Frauen beschränken müsse, weil sich diese bei der Polizei melden würden und man auch keine weiteren Kapazitäten für andere Ansätze hätte.

Es liegt Spannung in der Luft, die ich auflösen könnte, wenn ich mich einordnen würde. Aber es ist mir zu wenig nur in einem Workshop, den vielleicht zehn Leute besuchen, auf eine andere Sicht zur Sache aufmerksam zu machen, denn damit unterstütze ich ja doch die gesamte Darstellung der Ausstellung und das will ich nicht. Soll ich bei dieser schwerwiegenden Diskriminierung von Jungen, Männern und Vätern so zurückhaltend agieren? Soll ich mich tatsächlich auf einen zähen, langjährigen Diskussionsprozess mit diesem Netzwerk einlassen? Oft erlebe ich in Arbeitskreisen, dass in solchen Diskussionen die gute Sache trotz guter Argumente zerredet wird, sich Mehrheiten bilden und am Ende alles bleibt wie es ist, oder wie es der heimliche Kopf der Gruppe durchgeboxt hat.

Ich kann die Ausstellung so nicht mittragen, teile ich den Netzwerkern am nächsten Tag schriftlich mit und erkläre meinen Austritt aus dieser Planungsgruppe. Ich fühle mich dadurch erleichtert.

Die Ausstellung findet später natürlich statt und ich nehme mir etwas Zeit, sie anzuschauen. Was ich bereits in Kleinformat digital sehen konnte erhält in der Öffentlichkeit eine noch größere Brisanz. Durch so eine Ausstellung sollen also Schulklassen gehen und es soll vor dem „bösen Mann" gewarnt werden. Diese Bilder und Aussagen werden Jungen und Mädchen negativ in ihrem Denken übereinander beeinflussen, darin bin ich mir sicher. Das geschieht zu einer Zeit, in der sie die Liebe füreinander und das Interesse am anderen Geschlecht gerade erst entdecken. Das tut mir unendlich leid.

Mein Verhalten hat bei den Akteuren des Netzwerkes häusliche Gewalt nicht nur Unverständnis ausgelöst, es hat auch die Ablehnung meiner Person verstärkt:

Wenige Wochen nach Abbau der Ausstellung „Gegen Gewalt in Paarbeziehungen“ erhalte ich ein Schreiben der Beratungs- und Interventionsstelle bei häuslicher Gewalt der Arbeiterwohlfahrt. Diese Beratungsstellen, kurz BISS genannt, gibt es bundesweit. Sie „unterstützen Frauen, die Opfer häuslicher Gewalt geworden sind. Frauen finden hier die so wichtige kurzfristige Hilfe zur Umsetzung der Rechte aus dem Gewaltschutzgesetz – zum Beispiel, den Gewalttäter aus der Wohnung verweisen zu lassen. Die BISS-Stellen bieten ein spezielles Angebot für misshandelte Frauen und ihre Kinder, arbeiten eng mit der Polizei zusammen und können Frauen vor allem im Hinblick auf zivilrechtliche Schutzanordnungen beraten,“ so ist es auf der Internetseite des Niedersächsischen Ministeriums für Soziales, Frauen, Familie, Gesundheit und Integration zu lesen. Das Gewaltschutzgesetz ist geschlechtsneutral formuliert, die BISS arbeiten aber weitgehend einseitig parteilich. Ich dachte immer, vor dem Gesetz sind alle gleich.

Und weiter heißt es: „Mit der flächendeckenden Einrichtung der BISS in Niedersachsen setzt die Landesregierung einen ersten Baustein des im Juli 2006 verabschiedeten Aktionsplanes des Landes zur Bekämpfung der Gewalt gegen Frauen im häuslichen Bereich um. Das Land fördert die Einrichtung der BISS mit jährlich rund 810.000 Euro.“ Von einer solchen Beratungsstelle „BISS“ erhalte ich also ein Schreiben mit dem Briefkopf der Arbeiterwohlfahrt. Denn unter diesem Dach arbeiten sowohl die „BISS“ als auch das Frauenhaus in Goslar. Eine Interessenskollision scheint das nicht darzustellen.

In diesem Brief wird mir von der Goslarer BISS mitgeteilt, dass man sich für meine bisherige, freiwillige Mitarbeit im Goslarer Netzwerk gegen häusliche Gewalt bedankt. Man verweist darauf, dass dieses Netzwerk zeitnah nach Einführung des Gewaltschutzgesetzes gegründet wurde und man hätte „bereits mehreren hundert Opfern – geschlechterunabhängig – helfen" können. Man würde die Stimme für Opfer häuslicher Gewalt erheben und die Zahl der hilfesuchenden Opfer sei in den letzten Jahren derart gestiegen, dass man die verfügbaren Ressourcen „ausschließlich in die praktische Hilfen für die Opfer von Kriminalität bündeln" müsse. Da ich grundsätzlich in meiner Funktion als Gleichstellungsbeauftragte der Stadt Goslar „nicht in die praktische Opferarbeit eingebunden" sei, haben „die Mitglieder des Goslarer Netzwerkes einstimmig dafür votiert, Sie nicht mehr zu unseren Fallkonferenzen bzw. Sitzungen einzuladen." Wenn ich zu dieser Entscheidung noch Gesprächsbedarf hätte, dann könnte ich mich in zehn Tagen bei der Polizei der Kleinstadt einfinden. Ich soll in sechs Tagen nach Datum des Schreibens darüber informieren, ob ich „zu dieser Entscheidung noch Gesprächsbedarf habe". Für ein solches Gespräch stehen die Unterzeichner zur Verfügung. Gezeichnet Frau Menzel-Meer (Gleichstellungsbeauftragte des Landkreises Goslar), Herr Erwin Müller, (Familienrichter am Amtsgericht) und Herr Günter Koschig (Polizeibeamter und Vertreter des Weißen Ringes).

Mir ist das Gebäude durch zahlreiche berufliche Besuche bekannt, es macht mir keine Angst, dorthin zu gehen. Ist der Ort bewusst gewählt? Auf jeden Fall strahlt er vor Symbolik. Exklusiv gegen mich hat das Netzwerk häusliche Gewalt bei der Polizei eine „Sitzung" einberufen. Der Weiße Ring, die Gleichstellungsbeauftragte des Landkreises und die Frauenhausleitung sind anwesend. Die anderen Netzwerker und Netzwerkerinnnen scheinen verhindert.

Ich hätte kein Mitgefühl für Frauen, wirft mir die Frauenhausleitung, Astrid Lutter, vor, die Regie in diesem Gespräch führt. Sie war bis vor wenigen Monaten noch für die Kinderbetreuung im Frauenhaus zuständig und ist heute die Leiterin der Einrichtung. Mit einer gewissen Strenge und Kühle, hierarchisch von oben herab, versucht die Frauenhausleitung mit Macht und qua ihres Gutmenschentums auf mich Einfluss zu nehmen. Sie muss die eigenen Strukturen der parteilichen Einseitigkeit für Frauen schützen, dafür habe ich ein gewisses Verständnis. Es ist ihr Job, aber nicht der meine. Meine Argumente hätten nichts mit der Realität in Goslar zu tun, heißt es mir gegenüber. Ich würde mich auf exotische Studien berufen, die behaupten, dass auch Männer von Gewalt durch Frauen betroffen seien. Alle Netzwerkerinnen und Netzwerker bezweifeln die Existenz und Aussagekraft solcher Studien. Man hätte vor Ort nur mit weiblichen Opfern zu tun. Solche Studien sollte ich doch erst mal vorlegen. In diesem Tenor geht es eine Weile.

Ich finde jedoch, selbst wenn es nur einen Mann unter 100 von häuslicher Gewalt betroffenen Menschen gäbe, dann müsste ihm genauso geholfen werden wie den 99 Frauen. Ins Frauenhaus kann ein geschlagener und psychisch unter Druck durch eine Frau stehender Mann sicher nicht gehen. Ob er wohl mit einer dieser Frauen und Männer, die mich jetzt maßregeln, sprechen wird?

Da mein Rausschmiss aus dem Netzwerk ja bereits beschlossene Sache ist, ist es eigentlich egal, was ich vortrage. Bei mir entsteht der Eindruck, dass man mich nicht verstehen will. Ich rechtfertige mich so gut ich kann, und ich nehme mir vor, Männer ausfindig zu machen, die einschlägige Erfahrungen haben. Womöglich bin ich die einzige kommunale Gleichstellungsbeauftragte in Deutschland, die in einem Netzwerk gegen häusliche Gewalt nicht mehr mitarbeiten darf.

Ich finde, dass die Vorgesetzten über die Entscheidung und das Verhalten ihrer Mitarbeiter Bescheid wissen müssen. Nach Erhalt dieses Schreibens der BISS rufe ich meinen Mann an. Er war leider nicht am Apparat, deshalb musste der Anrufbeantworter herhalten. „Stell dir mal vor, was mir hier nun schon wieder passiert", rufe ich erregt in den Telefonhörer. „Dürfen die das überhaupt?", frage ich den Anrufbeantworter. „Und das alles auf dem Briefkopf der AWO und mit einem beruflichen Hintergrund, mit dem sie es besser wissen müssten. Es sind doch Fachleute, sie arbeiten in Behörden und sind der Gleichbehandlung von Mann und Frau verpflichtet. Was ist hier eigentlich los?" Empört über das Verhalten dieser Berufsfachleute wende ich mich also an die Vorgesetzten der Unterzeichner des Schreibens. Ich informiere den Landrat, den Amtsgerichtsdirektor und den Leiter der Polizeidienststelle über meinen einstimmigen Rausschmiss aus dem Netzwerk häusliche Gewalt und drücke meine Verwunderung darüber aus.

In der *Goslarschen Zeitung* heißt es wenige Tage vor meiner Abberufung in dem Artikel „Zwischen Frau und Mann": „Die kommissarische Geschäftsführerin der Frauenarbeitsgemeinschaft im Kreis Goslar attestiert der Frauenbeauftragten fehlende Sachkenntnis, mangelnde Kritikfähigkeit und zweifelhaftes Benehmen." Dancs sagt wörtlich: „sie (Ebeling) stellt Behauptungen in den Raum und gibt nie Quellen an". Die Vorsitzende des Kinderschutzbundes Heide Huwald-Poppe verweist darauf, dass „die (Ebeling) ja auch nach ihrem Rauswurf aus dem ‚Netzwerk häusliche Gewalt' dessen Mitglieder bei Vorgesetzten angeschwärzt habe. So funktioniere ein Miteinander nicht, sagt die Kinderschützerin und bilanziert: ‚Die Frau ist einfach nicht teamfähig'."

Meine Kritiker veranlasst mein Eintreten für eine ganzheitliche Sicht auf das Thema häusliche Gewalt, sich ernsthafte

Gedanken zu meiner Person und Arbeit zu machen. Wahrscheinlich zweifelt man sogar an meinem Geisteszustand, (frauen-) politisch bin ich unten durch. Ich stelle mir vor, dass es zu dieser Zeit dort zugeht wie in einem aufgeregten Bienenschwarm. Wie ich später höre, trifft sich eine kleine Gruppe Frauen regelmäßig in einem Arbeitskreis und sammelt alles Material, das es zu meiner Person zu finden gibt. Man schneidet Zeitungsartikel aus, druckt Beiträge aus dem Internet aus und lässt sich über meine neuesten „Schandtaten" berichten. Diese Frauen wettern im Forum der Zeitschrift *Emma* über mich und kommentieren im Internet auch an anderer Stelle gegen mich, wo es ihnen möglich ist. Es sind wenige Frauen, Frauen, die meinen, für alle Geschlechtsgenossinnen in Behörden, Institutionen, Vereinen und Gewerkschaften sprechen zu dürfen. Dabei sind sie nie auf demokratischem Wege von Frauen und Männern gewählt worden. Sie haben keine demokratische Legitimation, mit der sie für die Gruppe „der Frauen" sprechen dürften. Sie gehören lediglich einer lockeren Verbindung „Frauenarbeitsgemeinschaft im Landkreis Goslar" an und wollen doch in mein Amt als Gleichstellungsbeauftragte hineinregieren.

Auf einer Sitzung der Frauenarbeitsgemeinschaft in einer Gaststätte in der historischen Altstadt von Goslar wollen die Frauennetzwerkerinnen von mir wissen, was ich denn so mache und in welcher Weise ich mich für Frauen engagiere. Wir sitzen direkt an der Eingangstür. Zwei Tische sind zusammengestellt, damit die etwa zehn Frauen Platz finden. Es geht zu, wie es in solchen Frauenrunden eben immer zugeht. Ich weiß noch, dass mir fröstelte. War an diesem Abend das Klima mir gegenüber eisig, und fröstelte es mir deshalb so? Oder lag es einfach an der sich hin und wieder öffnenden Tür? Wahrscheinlich war ich die jüngste anwesende Frau in dieser Runde, was das Durchschnittsalter jedoch nicht wesentlich senkte.

Ihren Standpunkt zu meiner Arbeit machten mir diese Frauen noch klar, bevor ich das Wort überhaupt bekam. Das bringt mich natürlich in Rechtfertigungszwänge. Es sei der Eindruck entstanden, „dass Aktivitäten der Goslarer Gleichstellungsbeauftragten für das Anliegen der Frauenförderung in der Öffentlichkeit eher kontraproduktiv, beziehungsweise schädlich wirken können", so wird es später protokolliert. Man will wissen, „wie ich Frauenförderung betreibe, und ob ich Frauen mit Männern gleichstellen möchte oder umgekehrt?" Man erwartet von mir ein „realistisches Frauenbild", ich soll „Frauensprache voranbringen", mich bei der Gestaltung der Fußgängerzone als „Raum für Frauen" engagieren und aktiv „gegen Hexenverbrennungen" vorgehen. Auch das steht dann im Protokoll.

Ich komme mir in dieser Runde vor, als wenn ich auf einem heißen Stuhl sitze und das auch noch in aller Öffentlichkeit. Ich bin ärgerlich, aber auch traurig darüber.

In der Gaststätte versuche ich Haltung zu wahren, weise die anwesenden Frauen darauf hin, dass ich nur die Hälfte der Arbeitszeit habe und somit viele Themen nur anreißen kann. Das wird später so interpretiert, dass Frau Ebeling nur Strohfeuer entfacht und nicht langfristig und substanziell arbeitet. Ich sage, dass ich nur begrenzt an Aktivitäten der Frauenarbeitsgemeinschaft teilnehmen werde, da mein Arbeitstag als Kita-Leitung kurz vor 8 Uhr beginnt und ich 50 Kilometer von Goslar entfernt wohne. Ich arbeite nach dem Gender-Ansatz, stelle ich noch klar und zähle einige meiner aktuellen Tätigkeiten auf. Was ich da berichte, entgegnet eine dieser Frauen, die wissen was „gute Gleichstellungsarbeit" ist, entspräche wohl eher „dem Selbstverständnis einer Antidiskriminierungsstelle beziehungsweise einer Genderbeauftragten". Ich würde den Auftrag der „Frauenförderung" in meiner Arbeit nicht „gesetzesentsprechend berücksichtigen" und mit einigen meiner Aktivitäten sogar „falsche Zeichen" setzen. Auch das steht später im Protokoll.

Ich nehme das alles so hin, es steht 1:9, was bleibt mir anderes übrig. Die Fronten sind klar. Alles was ich jetzt sage, klingt nach Rechtfertigung und wird mir zum Nachteil ausgelegt. Es tritt auch niemand aus der Runde für mich ein. Ich vermute, dass es Konsens unter den meisten der anwesenden Frauen gibt. Oder zumindest unter den Rädelsführerinnen. Es bleibt mir nichts anderes übrig, als die Schelte anzuhören. Das war wieder mal ein langer Tag und er endet unschön. Die Diskussion soll fortgesetzt werden, heißt es noch verheißungsvoll. Mir ist der Appetit auf das nächste Glas Alster in dieser Gemeinschaft vergangen. Abgewatscht verlasse ich gegen 22 Uhr die Gaststätte.

Ist es zu viel verlangt, wenn ich meine kommunale Gleichstellungsarbeit mit denen weiter entwickeln möchte, die mich in das Amt brachten? Rat und Verwaltung. Ich bin meinem Oberbürgermeister und dem Rat verpflichtet und nicht einer kleinen regionalen Frauengruppe. Weder mein Oberbürgermeister, noch der Rat finden meine Arbeit problematisch. Sie hätten ja jederzeit Gelegenheit gehabt, mich darüber sogar persönlich zu unterrichten, wir haben uns oft genug gesehen. Nach meiner Abberufung denke ich, dass sich wohl die Mehrheit des Rates dieser kleinen regionalen frauenpolitisch aktiven Frauentruppe verpflichtet sah, anders kann ich mir die ganzen Vorgänge und das spätere Verhalten der Ratsfraktionen auf der Rathausdiele nicht erklären. Der Rat hätte mir für meine Arbeit Vorschläge machen oder Schwerpunkte für die Arbeit der Gleichstellungsbeauftragten benennen können. Er hätte auch Kritik üben können. Das ist nie geschehen. Man hat mich ohne politischen Warnschuss und ohne inhaltliche Diskussion zur Sache abberufen. Das jedenfalls kreide ich den damaligen Ratsleuten an.

„Die Gleichstellungsbeauftragte ist in der Ausübung ihrer Tätigkeit weisungsfrei", heißt es im Gesetz. Warum sollte mir also ein kleiner, nicht repräsentativer Kreis von Frauen Weisungen erteilen? Diese Frauen sprechen doch nicht für alle etwa 20.000 Bürgerinnen in Goslar. Sie stellen eine fragwürdige Minderheit dar, die Gehör bekommen hat. Dieses Bündnis weniger Frauen gegen mich erweckt bei Dritten vor Ort den Anschein, als seien sehr viele Frauen gegen mich. Der Kreis meiner aktiven Gegnerinnen in Goslar umfasst aber nur drei bis fünf Frauen.

In jeder Einladung zu einer Sitzung der Frauenarbeitsgemeinschaft des Landkreises gibt es nun den Tagesordnungspunkt „Zusammenarbeit mit der Gleichstellungsbeauftragten der Stadt Goslar". Diese Fokussierung einer kleinen Gruppe von Frauen auf meine Arbeit und Person begeistert mich nicht. Es fällt mir schwer nach den bisherigen Erfahrungen noch irgendwelche Schritte auf diese Frauen zu zu machen. Ich sehe mich einer Gruppe erregter Frauenrechtlerinnen gegenüber. Kein einfacher Stand, wie ich bereits mehrfach erfahren musste. Da geht es manchmal schon hysterisch zu, oder besser es kommt zu „dissoziativen Störungen".

Diese Frauen nutzen jetzt ihre Kontakte gegen mich. Sie suchen das Gespräch mit Gleichgesinnten, der Presse und der Politik. Sie versuchen auch neutrale Menschen gegen mich aufzubringen. Kontakt mit mir wird nicht mehr gesucht, im Gegenteil. Es finden Aktivitäten statt, zu deren Vorbereitung ich gar nicht mehr angefragt werde. Dafür erhalte ich triumphierend entsprechende Einladungen. „Bitte an Interessierte weiterreichen", heißt es formal im Anschreiben. Ignoranz ist eine starke Waffe.

Es wird nun verbreitet, dass man mit mir nicht reden könnte. Die *Süddeutsche Zeitung* berichtet nach meiner Abberufung. Im Artikel „Kaltgestellt" heißt es: „Hesse (Vorsitzende des Frauenhausvereines in Goslar) hat noch nie ein Wort mit Monika Ebeling gewechselt. Warum? ‚Weil sie einem das Wort im Mund herumdreht'. Sie und ihre Kolleginnen vom Frauenhaus seien da einer Meinung gewesen: dass man über die Meinungsverschiedenheit mit Monika Ebeling nicht reden solle. ‚Wir wollten keine Schlammschlacht'."

Ich selbst kenne die zitierte Gudrun Hesse, die Vorsitzende des Frauenhausvereines nicht persönlich. Aber ihren Mann. Ein Probst und SPD Genosse, der mir noch mit seinem Wahlslogan für das Amt des Oberbürgermeisters, „Wer ist Ottmar?", in Erinnerung geblieben ist. Er war ein paar Jahre Oberbürgermeister der Stadt, also mein Dienstherr. Einmal war ich im Garten bei Hesses' zu Besuch. Die SPD hatte eingeladen. Eine alleinerziehende Mutter mit einem Kleinkind war ich damals. Ein Genosse sagte in einer Ortsvereinssitzung einmal: „Wir bei der SPD sind wie eine große Familie."

Frauen in Goslar, die sich seit Jahrzehnten durch ihr frauenpolitisches Engagement einen Namen gemacht hatten, beäugen mich nun und finden manche meiner Aktivitäten überhaupt nicht nur falsch, sondern sogar kontraproduktiv. Ich würde die falschen Signale setzen. Die gegen mich engagierten Frauen gründen nun eine Initiative, die sie „Initiative Gute Gleichstellungsarbeit in Goslar" nennen. Der kleine Kreis von Frauen formuliert einen Appell und man geht damit in den eigenen Veranstaltungen herum, um Unterschriften zu sammeln. In dem oben genannten Artikel „Kaltgestellt" wird auch Barbara Dancs zitiert. „Die frühere Frauenbeauftragte Barbara Dancs gehört zu den Gründerinnen einer ‚Initiative Gute Gleichstellungsarbeit' die man, wie sie einräumt, auch als Anti-Ebeling-Initiative bezeichnen könnte. Als typische Inhalte einer guten Gleichstellungsarbeit nennt sie auf Nachfrage den Einsatz für ‚weibliche Sprache' und gegen das Touristenspektakel der im Harz üblichen ‚Hexenverbrennungen'."

Wie ich im Nachhinein höre, fühlt sich mancher genötigt, auf der Unterschriftenliste zu unterschreiben. Man munkelt die Damen waren sogar auch in der Fußgängerzone unterwegs. Auf der

Veranstaltung „25 Jahre Frauennetzwerk“ wurde die Unterschriftenliste ebenfalls herumgereicht. Womöglich hat der Gastredner Thomas Gesterkamp, der auch Autor einer Expertise „Geschlechterkampf von rechts“ ist, ebenfalls unterschrieben?

In dem Appell der guten Initiative heißt es, man hätte sich gegründet, „damit Goslar inhaltlich und von der Darstellung her wieder für eine konstruktive und sachgerechte Gleichstellungsarbeit steht.“ Diese Frauen werfen mir in dem Appell unter anderem vor, ich würde in Goslar einen Geschlechterkampf institutionalisieren und Frauen diskriminieren. Sie selbst wollen mit ihrer Initiative gegen mich einen Beitrag zur Verwirklichung einer gleichberechtigten Teilhabe der Menschen leisten, so heißt es jedenfalls. Die Frauen fordern weiterhin „eine qualifizierte und fachlich fundierte Gleichstellungsarbeit und einen Umgangsstil und ein Verhalten, das für eine gute Zusammenarbeit förderlich ist.“ Sie monieren meine bundesweite Bekanntheit. Sie weisen darauf hin, dass die *taz* wegen mir bereits in Goslar recherchieren würde. Unterschrieben ist der Appell von der damaligen Geschäftsführerin der Frauenarbeitsgemeinschaft im Landkreis Goslar, Barbara Dancs, der Vorsitzenden des Kinderschutzbundes Goslar, Heide Huwald-Poppe und der Leiterin des Frauenhauses der Arbeiterwohlfahrt in Goslar, Astrid Lutter.

Die Goslarer Grünen machen zeitgleich mit der Initiative ebenfalls gegen mich mobil. Das muss nicht verwundern. Die Fraktionsvorsitzende, Doris Juranek, gehört seit Jahrzehnten zu den Frauennetzwerken. Vor wenigen Wochen legte ich allen Fraktionen meinen ersten Tätigkeitsbericht vor. Kein grüner Kommunalpolitiker hat mich nach Erhalt in die Fraktion eingeladen, oder mich auf die Inhalte meines Berichts angesprochen. Kein Kommunalpolitiker hat mir gegenüber Kritik dazu geäußert. Auch die Verwaltungsspitze hat keine Mängel in meinem Tätigkeitsbericht gefunden, die man mir gegenüber beklagt hätte. Das

Gleiche gilt auch für meinen zweiten Tätigkeitsbericht. Die *Süddeutsche Zeitung* fragte die Fraktionsvorsitzende der Grünen nach der Abberufung, ob sie denn selbst mit der Gleichstellungsbeauftragten gesprochen hätte. „Nein, ich kenne sie gar nicht" zitiert der Redakteur die Antwort. Das stimmt nicht ganz. Wir hatten Verkehr, zumal via E-Mail. Wir saßen auch in Ausschüssen am selben Tisch und grüßten uns höflich. Als ich ihr einige Wochen vor meiner Abberufung auf dem Weg ins Parkhaus begegne, sage ich freundlich guten Tag. Schließlich ist sie eine Amtsperson.

Die Zeit hat sich ebenfalls an Doris Juranek gewandt und berichtet in ihrem Artikel mit dem Titel „Hexenverbrennung" nach einem Ortstermin: „Wer sich eine Weile in Goslar umgehört hat, der muss sich allerdings fragen, ob die Stadt für solch große Fragen nicht doch zu klein ist. Da ist die grüne Ratsfrau Doris Juranek. Sie hat die Kampagne im Stadtrat begonnen, die mit der Abwahl der Gleichstellungsbeauftragten endete, und glaubt, dass Frau Ebeling ‚an ihrer Persönlichkeit gescheitert' sei. Die Frage, ob sie sich einen eigenen Eindruck von Frau Ebelings Persönlichkeit habe verschaffen können, beantwortet sie mit einem klaren ‚Nö'. Als Politikerin, sagt sie, müsse sie sich auf das Urteil anderer verlassen."

Von mir wollte Doris Juranek schon sehr früh keine E-Mails mehr erhalten. Sie fand, die Informationen, die ich verschicke, würden nicht ausschließlich auf frauenpolitische Inhalte verweisen. Dafür hätte sie nicht 25 Jahre gekämpft, schreibt sie mir. Ich bin beeindruckt. WOW! 25 Jahre Geschlechterkampf! Das muss anstrengend sein. Nach 25 Jahren Kampf, da vergeht einem das Lachen, denke ich. Ich nehme sie aus meinem E-Mail-Verteiler, betone allerdings, dass ich sie hin und wieder eventuell anschreiben muss, da sie ja auch Fraktionsvorsitzende der Grünen ist. Genau wie sie wollen zwei weitere Frauen im Verlauf der drei Jahre aus meinem E-Mail-Verteiler genommen werden. Natürlich allesamt aus dem Kreis dieser gegen mich aktiven Damen. Andere bedanken sich für die interessanten Links, die sie über mich erhalten.

Die Grünen in Goslar schreiben auf ihrer Homepage, dass das Wirken der Gleichstellungsbeauftragten mittlerweile weit von den Vorstellungen grüner Politik entfernt sei. Die Gleichstellungsbeauftragte wolle „Benachteiligungen von Männern aufzeigen und „beseitigen", dies ist nicht unser politischer Wille und wir denken damit auch im Rat nicht allein zu stehen! Für uns bleibt die Gleichstellungsarbeit für Frauen wichtig und notwendig, denn gleiche Chancen sind nicht gegeben und es ist ein Verdrehen von Tatsachen, vor allem Benachteiligungen für Männer aufarbeiten zu wollen." Dieser Eintrag ist mittlerweile auf der Homepage verschwunden. Stattdessen stellen die Grünen klar, „wie es wirklich war".

Die Grünen stellen dem Oberbürgermeister Henning Binnewies in Form einer Ratsanfrage sechs Fragen, die sich auf die Gleichstellungsbeauftragte beziehen. Ich finde es ja gut, dass das Thema Gleichstellung nun auf die politische Agenda kommt. Das wäre eine Chance für eine kommunalpolitische Diskussion zur Sache. Man könnte sich gleichstellungspolitisch zeitgemäß aufstellen. Politik und Verwaltung könnten mir als Gleichstellungsbeauftragter gleichstellungspolitische Aufträge erteilen. Gemeinsam könnten wir politisch gewollte Schwerpunkte ermitteln. Ich suche ja vor Ort einen Kreis von Frauen und Männern, die sich konstruktiv mit zeitgemäßer Gleichstellungsarbeit auseinandersetzen wollen und damit gute Ergebnisse für Frauen und Männer erzielen. Ich finde zum Beispiel einen Gleichstellungsbeirat aus Frauen und Männern gut. Ein Arbeitskreis „Gender" könnte auch interessant sein. Doch statt Inhalte zur Diskussion zu stellen, fragen die Grünen Formalien ab, die man auch aus der Niedersächsischen Gemeindeordnung herauslesen könnte: „Wer zeichnet sich für das Aufgabenfeld der Gleichstellungsbeauftragten verantwortlich? Sieht der Oberbürgermeister aktive Frauenpolitik als Bestandteil kommunalen Handels? Wer ist verantwortlich für das Goslarer Leitbild? (Genderleitbild) Wer kann für die Pressearbeit der Gleichstellungsbeauftragten verantwortlich gemacht werden? Wie kann eine qualifizierte Arbeit in Zukunft garantiert werden? Wer kann diese Gleichstellungsbeauftragte abberufen?", heißt es in der Ratsanfrage der Grünen.

Es sind die seit Jahren frauenpolitisch aktiven Frauen, die sich von mir und meinem Wirken angegriffen fühlen. Meine Argumente, meine Arbeitsansätze und die positive Resonanz, die ich in der Öffentlichkeit erhalte, verunsichern sie. Wenn ich aber einfache Leute frage, dann sagen die mir, ich mache das richtig, wenn ich mich um Frauen und Männer kümmere. „Deshalb heißt es doch Gleichstellungsbeauftragte und nicht mehr ‚Frauenbeauftragte'", sagt das Volk. Darunter sind auch Frauen, die mir sagen, dass Frauen heute oft das Maß verloren hätten und Männer seien jetzt dran. Meine Ideen sind nicht aus der Luft gegriffen, sie kommen aus der Mitte der Gesellschaft!

Meine Gegnerinnen schicken den Appell der „Initiative gute Gleichstellungsarbeit" auch an den Oberbürgermeister. Der lädt mich daraufhin zu sich ins Büro. Wir erörtern die Situation und die Inhalte des Appells. Gleichstellungsarbeit ist mehr als Frauenpolitik, sage ich, das kriegen wir wieder hin. Er meint, ich würde meine Arbeit im Rahmen der Gesetze erledigen und er würde sich keinesfalls in meine Pressearbeit einmischen. Einen Artikel in der regionalen Zeitung mit der Überschrift „Oberbürgermeister beschränkt Pressearbeit der Gleichstellungsbeauftragten" wollen wir beide nicht lesen. Das entspräche auch nicht unserer guten und konstruktiven Zusammenarbeit. Ich schätze meinen Oberbürgermeister. Die Kampagne gegen ihn, die letztlich zu seiner Abwahl führt, liefert mir einen Vorgeschmack darauf, wie ein öffentlicher beruflicher und persönlicher Zerstörungsprozess aussehen kann. Wir werden fast im gleichen Atemzug aus dem Amt gefegt.

Dann folgt ein Gespräch im Büro des Oberbürgermeisters, an dem ich und drei Vertreterinnen dieser „guten Initiative" sowie ein Fachbereichsleiter teilnehmen. An Stelle der Leiterin des Frauenhauses sitzt nun allerdings die Leiterin der Koordinierungsstelle Frau und Wirtschaft, Brigitte Harder, im Büro. Natürlich nur als besorgte Bürgerin, wie sie betont. Sie hat jahrelang die DGB Frauen vor Ort angeführt und sie war einmal Frauenbeauftragte des Landkreises. Ich kenne sie auch schon sehr lange. Sie ist immer ein wenig distanziert. Als wir nun also wegen des Appells der „guten Initiative" im Büro des Oberbürgermeisters Platz nehmen, wollen sich die drei Frauen Dancs, Huwald-Poppe und Harder wie im Gericht zuerst mir gegenüber platzieren. Diese Sitzordnung wird nach einigem Hin und Her aufgehoben. Die Frauen richten das Wort vorwiegend an den Oberbürgermeister. Sie sprechen von „der da", wenn sie mich meinen. Die Vorsitzende der Frauenarbeitsgemeinschaft ist erregt, sie geht auch verbal in die Luft. Sie fühlt sich durch mich diskriminiert und muss sichtlich um Fassung ringen. Ihre Initiative appelliert für eine diskriminierungsfreie Gleichstellungsarbeit in Goslar, Frau Ebeling aber würde den Geschlechterkampf institutionalisieren und Frauen abwerten. Ebeling, so heißt es wörtlich im Appell, missbraucht „das ihr anvertraute öffentliche Amt (…), um Frauen und Organisationen zu diskreditieren, zu diffamieren und Menschen zu instrumentalisieren", und sie würde dem Erzielen von Schlagzeilen eine höhere Priorität einräumen als nachhaltiger und kompetenter Gleichstellungsarbeit. Die Vorsitzende des Kinderschutzbundes in Goslar meldet sich mit stoischer Rechthaberei ebenfalls zu Wort. Sie wiederholt die Vorwürfe, die im Appell nachzulesen sind, ebenso wie es Brigitte Harder tut.

Ich selbst bin 10 Jahre Mitglied im Kinderschutzbund dieser Kleinstadt. Ich habe mich selbstverständlich immer mal wieder für den Kinderschutzbund engagiert. Luftballons steigen lassen, Familien auf den Kinderschutz aufmerksam gemacht und selbst im sogenannten „Kinderkleiderschrank" Secondhandkleidung gekauft. Ich bekomme im Jahr der Gründung der „guten Initiative" sogar noch eine Urkunde vom Kinderschutzbund. Damit wird mir für mein 10-jähriges Engagement in Sachen Kinderschutz gedankt. Als ich diese Post aus der Kleinstadt bekomme, ist mir keinesfalls zum Jubeln zu Mute. Jetzt kündige ich meine Mitgliedschaft und organisiere mich in einem anderen Ortsverein. Das darf man mir nach diesen persönlichen Attacken bitte nicht übel nehmen.

Der Oberbürgermeister sagt den Damen, dass ich meine Öffentlichkeitsarbeit eigenverantwortlich mache und mich im Rahmen der Gesetze, zwar pointiert, aber korrekt verhalte. Obwohl diese Frauen den Oberbürgermeister deutlich unter Druck setzen, verlassen sie mit diesem Gesprächsergebnis das Büro. Damit ist die Initiative aber keinesfalls zufrieden. Ob vielleicht der Misserfolg dieses Gespräches auch ein Grund war, den Oberbürgermeister aus seinem Amt zu mobben? Es sind etwa neun Monate nach diesem Gespräch und vier Monate vor der Kommunalwahl, als er spektakulär aus dem Amt gekegelt wird.

Als Gleichstellungsbeauftragte und Fachfrau hatte ich den Eindruck, dass der Oberbürgermeister ein Mobbingopfer sein könnte. Er selbst formuliert es ebenfalls so und wird in der Zeitung entsprechend zitiert. Mobbing ist rechtlich immer so schwer zu greifen. Ich persönlich würde in meinem Fall auch von Mobbing sprechen. Erst politisch, dann beruflich und in beiden Fällen gewürzt mit persönlichen Angriffen, die die Grenze zum Rufmord und zur Verleumdung tangieren. Natürlich habe ich mich diesbezüglich auch beraten lassen, aber es ist wirklich schwer, gegen Mobbing anzugehen. Letztlich bleibt einem nichts anderes übrig, als seine eigene Haut zu retten, indem man den Arbeitsplatz und/oder den Ort verlässt. Das habe ich dann auch getan.

Nachdem mich diese Frauen also einige Male erfolglos zur Brust genommen hatten, intervenierten sie in die Ratsfraktionen hinein. Die „gute Initiative" wendet sich mit ihrem Appell gegen mich an die Ratsleute und verschafft ihrem Interesse damit weitere Öffentlichkeit. Natürlich verfügen diese Frauen über nützliche und bewährte Verbindungen, das bleibt in einer Kleinstadt nicht aus. Zuerst sprang also die Fraktionsvorsitzende der Grünen auf den Zug auf. Sie ist eine alte frauenpolitische Kampfgenossin. Sie stellte Anfragen in den Ratssitzungen und äußerte ihren Unmut über mich auch auf ihrer Website und via Pressemitteilung. Man wolle keine „Männerbeauftragte" hieß es da unter anderem. Daraufhin wird die Ratsfraktion Die Linke ebenfalls aktiv und will sich gegen mich engagieren. Diese Ratsfraktion stellt einen Ratsantrag auf Abberufung der Gleichstellungsbeauftragten. Eine Begründung soll erst auf der Ratsitzung geliefert werden.

Die Mobilisierung gegen mich begann etwa ein Jahr vor meiner Abberufung. Man hat lange nichts Konkretes gefunden. Mir wurde dann erst wenige Wochen vor der Abberufung die Verlinkung mit einer „dubiosen Seite" im Internet zum Vorwurf gemacht und es gab auf diese Weise endlich etwas einigermaßen Greifbares. Ich hatte unter der Rubrik Gleichstellung einen Bereich für Frauen und einen Bereich für Männer eingerichtet. Dort habe ich verlinkt, damit Frauen und Männer sich über einige Dinge informieren können. Für die Inhalte fremder Homepages trägt derjenige, der verlinkt, keine Verantwortung. Wie soll das auch gehen, da kann ja täglich etwas geändert werden. Dennoch werden mir „dubiose" Inhalte der Seite „Väternotruf" zum Vorwurf gemacht. Dubios bedeutet „zweifelhaft".

Die Linke schaltete kurz vor meiner Abberufung eine Anzeige und wirft mir darin „fehlende Kompetenz, mangelhafte Kommunikation und Kooperation“ vor. Ich hätte „die städtische Homepage mit rechtsnationalem Gedankengut“ verlinkt; damit sind Aussagen auf der Seite „Väternotruf“ gemeint. Das war ein Schlag ins Kontor, den ich kaum mehr zurechtrücken kann. Aus einer dubiosen, zweifelhaften Verlinkung wird mal eben rechtsnationales Gedankengut und mir wird es angeheftet. Ich habe etwas gegen Nazis und setze mich seit meiner Jugend immer wieder mit den Inhalten des Dritten Reichs auseinander. Mich mit solchem Gedankengut persönlich in Verbindung zu bringen wirkt auf mich wie Rufmord und Verleumdung. Aber auch das ist rechtlich schwer zu greifen, mein Anwalt hat mir abgeraten, gegen diese Zeitungsanzeige vorzugehen. Dass sich dieser Vorwurf wie ein Krebsgeschwür noch weiter in meinem Leben ausbreiten würde, habe ich damals nicht vermutet.

Meine Abberufung ist lange vor der besagten Ratssitzung beschlossene Sache. Da hilft es auch nicht, dass ich die Politiker noch einmal auf meine Tätigkeitsberichte verweise und versuche, mit den Fraktionsvorsitzenden ins Gespräch zu kommen. Ein interfraktionelles Gespräch hätte sicher erhellend sein können. Es wurde noch vom scheidenden Oberbürgermeister vorgeschlagen. Leider konnte er diese Möglichkeit nicht mehr gemeinsam mit mir verfolgen, da er seines Amtes enthoben wurde. Der Termin verlief im Sand, nachdem sich erst die Damen der „Guten Initiative“ und dann die Fraktion der Linken ausgeklinkt hatten. Wenn eine Seite nicht mehr reden will, dann ist die Lage aussichtslos.

Gerade in den Wochen vor und nach der Abberufung fühlte ich mich wie getrieben. Obwohl aus meinen beiden Tätigkeitsberichten ersichtlich ist, dass ich mich um Frauen und Männer kümmerte, wurde mir am Ende vorgeworfen, mir sei der Fokus verrutscht und ich hätte mich zu sehr mit Männerthemen befasst. Auch meine persönliche Eignung für das Amt der Gleichstellungsbeauftragten wurde in Frage gestellt.

Im Internet geht es derweil richtig wild los. Einzelpersonen und Gruppen geraten in Aktion. Es darf nicht sein, es kann nicht sein, dass eine Gleichstellungsbeauftragte auf diese Weise und mit solch fadenscheinigen Begründungen abberufen wird. Es ist die Rede von einer „Schlacht um Goslar“ und irgendjemand spricht von einer „Hexenjagd“ und von „Kesseltreiben“. Gleich einen Tag nach dem Verwaltungsausschuss, kurz vor der besagten Ratssitzung, greift die *Goslarsche Zeitung* das Thema auf. „Zwischen Mann und Frau: Gleichstellungsbeauftragte vor der Ablösung“. Hier heißt es tatsächlich mal Gleichstellungsbeauftragte, das freut mich, denn manchmal heißt es in dieser Presse auch Frauenbeauftragte, obwohl kommunale Gleichstellungsbeauftragte bereits seit Jahren keine Frauenbeauftragte mehr sind. Die Zeitung fragt sich, ob ich nun gehen muss, weil ich „Männer-Themen zu sehr in den Fokus“ gerückt habe, oder weil ich weder „team- noch kritikfähig“ sei und das in mich „gesetzte Vertrauen mehr als einmal aufgebraucht“ hätte? Dass ich gehen werde, scheint außer Frage zu stehen. Offenkundig sei, dass die Mehrheit des Rates mich von meiner Aufgabe entbinden wolle, heißt es weiter. Die CDU hätte wohl auch viel gehört, aber „uns sind bisher keine konkreten Verfehlungen benannt worden“, wird Fraktionschef Frank Schober zitiert. Er spricht dann auf der Rathausdiele auch von einem Kesseltreiben, dass die CDU nicht mitmachen werde. Ein Kommunalpolitiker von der Bürgerliste setzt sich ebenfalls für mich ein und bringt zur Ratssitzung einen starken Redebeitrag. Die Piraten sitzen noch nicht im Goslarer Stadtrat. Dennoch hatten sie sich in einer Pressemitteilung verwundert darüber gezeigt, dass der Ratsantrag der Linken auf Abberufung der Gleichstellungsbeauftragten unbegründet ist und eine Begründung erst auf der Rathausdiele am Tag der Abberufung geliefert werden soll. Natürlich freut mich, dass sich einige Kommunalpolitiker ein bisschen für mich stark machen.

Verwaltungsvorstand Burkhard Siebert teilt der Zeitung mit, dass ein riesiges Interesse von Medien und vor allem Väter-Organisationen bei der Stadtverwaltung eingegangen sei, „sogar über bundesdeutsche Grenzen hinweg". Und „es schwingt viel Sympathie für den kritisch innovativen Geist mit, der in der Goslarer Provinz offenbar mundtot gemacht werden soll". Die *GZ* selbst berichtet ebenfalls von einem Wust von Mails und Kommentaren, „knapp unter der Teppichhöhe", die sie erreichen würde.

Ich erhalte vor Erscheinen des Artikels einen schnellen Telefonanruf aus der Redaktion der *GZ*. Ich werde gefragt, ob ich mich von den Äußerungen im Internet distanzieren wolle. „Der Feminismus hat in seiner Anfangszeit auch forsch formuliert", antworte ich knapp. Was soll ich auch sagen? Ein längeres Gespräch, ein Interview oder eine andere geeignete Variante guter Recherche und ausgeglichener Berichterstattung, bei der ich mitwirken könnte, wird nicht angefragt. Auch nicht in den kommenden Monaten. Mir kommt es komisch vor, dass mich diese Zeitung nicht ausführlicher befragt. Dass ich mich von verbalem Müll anderer Leute irgendwo im Internet, irgendwo in diesem Land distanzieren soll, finde ich ebenfalls fragwürdig. Was hat das Gerede anderer mit mir, meinen Ansichten und meiner Geisteshaltung zu tun? Was sind das für Vermischungen?

Mir wird in dem Artikel der *GZ* viel Pathos attestiert, weil ich in meiner Pressemitteilung schreibe, dass es darum geht, „ob eine Gleichstellungsbeauftragte sich genauso offensiv um Jungen-, Männer- und Väterthemen kümmern darf, wie es ehemals Frauenbeauftragten jahrzehntelang mit Frauenpolitik und Frauenförderung möglich war." Fast zwanzig Din-A-4-Seiten Ausdruck von Kommentaren zu diesem GZ Artikel liegen mir vor. Die Kommentare wachsen der GZ inhaltlich und zahlenmäßig offensichtlich über den Kopf. Man sperrt die Kommentarfunktion und lässt Kommentare zur Berichterstattung über Monika Ebeling zukünftig einfach nicht mehr zu. Das empört die Freigeister des Internets.

Einen Tag später erscheint ein Artikel in der *Braunschweiger Zeitung*. Da ist von einem erbitterten Streit um Goslars angeblich zu männerfreundliche Gleichstellungsbeauftragte die Rede. Barbara Dancs, nun kommissarische Geschäftsführerin der Frauenarbeitsgemeinschaft im Kreis Goslar, und Heide Huwald-Poppe vom Kinderschutzbund Goslar werden wieder einmal mit den bereits bekannten, persönlich diffamierenden Argumenten gegen meine Person bemüht.

Redakteure großer bundesweit vertriebener Zeitschriften, die sich vor Ort ein umfassendes und über mich ein persönliches Bild gemacht haben, sehen das etwas anders. Die *Süddeutsche Zeitung* schreibt zum Beispiel über mich: „Sie zeigt keine Wut, keine Verbitterung“ und das Bild, das man im persönlichen Gespräch bekommt, würde nicht mit dem Bild übereinstimmen, welches man erhält, wenn man mit Politikern und Frauenhausbeauftragten der Stadt Goslar spricht. *Die Zeit* schreibt: „Wer Monika Ebeling trifft, erlebt eine eloquente Vertreterin einer unparteiischen Gleichstellungsarbeit. Nicht, dass sie die Benachteiligung von Frauen bestreiten würde – sie ergänzt das Bild nur.“ *Brand Eins* schreibt: „Die 51-jährige hat eine warme Stimme, kann fesselnd reden und sich sogar über die verfahrene Situation amüsieren, jedenfalls manchmal.“ Aber diese Sichtweise auf meine Person spielt vor Ort keine Rolle.

Man erwartete für den Tag der Abberufung ein riesen Tamtam, welches nach Springerstiefeln und einem Polizeieinsatz auf dem historischen Marktplatz duftete. Nicht gerade ehrenhaft für mich und auch voll daneben. Mir erschließt sich nicht, woher Linke den Vorwurf des Rechtsnationalen gegen mich hernehmen. Natürlich ist es einfach, „rechts" von „links" zu stehen, aber das ist doch nicht gleich rechtsnational im Sinne eines widerlichen Nazitums. Mein Anliegen, Männer in die Gleichstellungsarbeit zu inkludieren, leite ich im Wesentlichen von den Interessen und Bedürfnislagen der Kinder ab. Dieses an den politisch rechten Rand zu drängen, finde ich verwerflich.

Die „Schlacht um Goslar" sei dann aber ausgeblieben und von dem medialen Großaufgebot auch nur RTL und NDR übrig geblieben, heißt es am 18.5.2011 in der *GZ*. Da weiß man noch nichts von dem noch folgenden medialen Großaufgebot in der gedruckten Presse und im Internet.

Bislang ist die systemimmanente und verfassungsrechtlich relevante Grundrechtsverletzung von Männern und Vätern in der breiten Öffentlichkeit noch nicht erkannt worden. Deshalb gibt es zum Zeitpunkt meiner Abberufung auch noch keine „Bewegung", sondern nur eine kleine Lobby, die sich überwiegend aus persönlich Betroffenen speist. Es gibt keine Steuermittel, um dieser Diskriminierung von Männern angemessen begegnen zu können, sondern nur hier und da ein paar prominente Stimmen, ehrenamtliches Engagement, Einzelkämpfer und kleine Gruppen. Das reicht nicht, um Menschenmassen mobilisieren zu können. Ich beruhige die Pressestelle der Stadt mit einem entsprechenden Hinweis. Es sind keine Ausschreitungen zu erwarten, teile ich mit.

Die mögliche Abberufung einer Gleichstellungsbeauftragten, die sich auch gegen die Diskriminierung von Männern engagiert, dringt also auch an die bundesdeutsche Presse. Die *Frankfurter Allgemeine Zeitung*, die *Stuttgarter Nachrichten* und der *Weser-Kurier*, berichten im Vorfeld. Die Zeitung *Die Welt* erteilt mir auf der Seite drei die Note 2: „Eingestellt wurde Monika Ebeling (SPD) als Gleichstellungsbeauftragte, nicht als

Frauenbeauftragte. Doch weil sie ihr Amt tatsächlich nutzt, um das schwache Geschlecht zu fördern, will die Linke heute im Stadtrat von Goslar einen Abwahlantrag durchsetzen". Ich würde mich tapfer verteidigen heißt es noch. Die *Bild* schreibt unter „Verlierer" auf Seite eins: „Eigentlich hat Monika Ebeling (51, SPD), ihren Job nur ernstgenommen. Die Gleichstellungsbeauftragte kümmerte sich nicht nur um Frauenförderung (…) wegen zu viel ‚Männerfreundlichkeit' soll sie heute abgewählt werden."

Bereits seit Tagen laufen die Telefone bei mir heiß und das E-Mail-Postfach quillt über. Es ist, als ob jemand einen Startschuss abgegeben hätte. Es melden sich Privatpersonen, Frauen und Männer, um mir den Rücken zu stärken. Es melden sich Redaktionen und Fernsehsender und einige kommen vor Ort. Die Fernsehsender NDR und RTL sind interessiert, das NDR Radio, Deutschlandradio und Radio ffn berichten. Ich kann das gar nicht richtig fassen.

Im Nachhinein erkläre ich mir die große Aufmerksamkeit in den Medien auch mit der Tatsache, dass eben nicht nur sogenannte Väterorganisationen Betroffenheit mitbringen. Überall in der Gesellschaft und eben auch in den Redaktionen der Medien, sitzen Menschen, die mit ähnlich ungerechten Erfahrungen aufwarten können. Ich habe den Eindruck, dass teilweise sogar eine Freude in den Gesichtern meiner Gesprächspartner zu sehen ist. Sie können über Dinge berichten, unter denen sie selbst oder Familienangehörige bereits zu leiden hatten. Sie brauchen sich nicht für die sich ergebenden Aussagen rechtfertigen, weil jemand anders, eine Frau sogar, solche Dinge sagt.

Hart an der Grenze zur Überforderung versuche ich, meine Sinne beieinander zu behalten. Mein Mann ist immer an meiner Seite. Ich brauche einfach jemanden, der mir später ein Feedback geben kann. Jemanden, mit dem ich mich innerlich etwas vorbereiten kann.

Die *taz* bittet wenige Tage vor der Ratssitzung um ein Interview. Das bereitet mir Sorgen. Denn gerade die Linke will mir ja hier vor Ort an den Kragen. Das sage ich der Redakteurin auch so. Sie ist nett und geht auf meine Bedenken ein. Am Ende kommt ein schöner Beitrag zur Gender-Debatte heraus. „Auch Männer haben Narben", heißt es da. Als die Anfrage zu diesem Artikel kommt, habe ich mich entschlossen alle Anfragen, die kommen werden, anzunehmen, und ich habe die Fragen der Medien nach bestem Wissen und Gewissen beantwortet. Das mache ich bis heute so. Am Tag der Abberufung lief ich noch von einem Medientermin zum anderen.

Reaktionen

Natürlich wollte ich nicht ohne ein öffentliches persönliches Wort gehen und so verlas ich auf der Rathausdiele am 17. 05. 2011, dem Tag meiner Abberufung, eine Erklärung:

Sehr geehrte Frau Ratsvorsitzende, werte Ratsmitglieder, liebe Frauen und Männer im Publikum,

bevor ich zu meinem eigentlichen Vortrag komme, möchte ich ein paar Sätze zu dem Stil, in dem die Auseinandersetzung in den letzten Monaten geführt wurde, sagen: Ich persönlich habe heftige Angriffe erlebt, aber auch vielfältige Unterstützung. Wenn Teile dieser Unterstützung über die Grenze des Fairen hinausgingen, möchte ich mich dafür entschuldigen. Ebenso möchte ich mich entschuldigen, wenn ich jemanden persönlich getroffen habe. Ich will niemanden verletzen. Mir geht es um gerechte Gleichstellungsarbeit.

In der heutigen Aussprache geht es um mehr als den Umgangsstil oder die Abberufung einer kommunalen Gleichstellungsbeauftragten. Die Abberufung einer Gleichstellungsbeauftragten, die schlechte Arbeit leistet, mag eine persönliche Schmach sein, das allerdings reißt niemanden vom Sofa und erregt auch keine bundesweite Aufmerksamkeit.

Gegenstand unserer Auseinandersetzung ist dagegen die Einbeziehung von Männern in die Gleichstellungsarbeit. Das wird vom Gesetzgeber so verlangt und gehört zu meiner Aufgabe. Ich finde es notwendig und längst überfällig.

Ich werde der, von meinen Kritikerinnen geforderte Ausgrenzung von Männern auch weiterhin nicht nachgeben.

Da ist der Vater eines nichtehelichen Kindes, dem das Sorgerecht vorenthalten wird. Nicht, weil er der schlechtere Elternteil ist, sondern weil er ein Mann ist. Dieses Schicksal teilt er mit Millionen anderer Väter nichtehelicher Kinder.

Da ist der Vater, der Zweifel an seiner biologischen Vaterschaft hat. Er braucht aber für den notwendigen DNA-Test die Zustimmung der Mutter oder einen richterlichen Beschluss. Jeden Hundehaufen kann man problemloser seinem Erzeuger zuordnen.

Da ist der geschiedene Vater, dem seine ehemalige Frau das Leben zur Hölle macht, indem sie gezielt sein Umgangsrecht sabotiert. Das geht an den Kindern nie spurlos vorbei!

Da ist der Mann, der an den etablierten Parteien verzweifelt, weil sie die notwendigen Reformen für die familiäre Gleichstellung nicht angehen mögen und den schwarzen Peter bei den Jugendämtern und Gerichten belassen.

Da beklagt jemand, dass Männer pauschal als Täter und Frauen als Opfer dargestellt werden, und fragt, ob wir Deutschen in Sachen kollektiver Verdächtigung denn aus unserer leidvollen Geschichte nichts gelernt haben.

Da ist der Mann, der psychisch und physisch gedemütigt wird und weiß, dass er nur belächelt wird, aber keine Hilfe erfährt.

Das ist nur ein Teil meiner Arbeit, aber der umstrittene. Die anderen Teile stehen hier heute ja nicht zur Diskussion, können aber in meinen Berichten nachgelesen werden. Hier findet nicht – wie die GZ heute zitiert – der „Kampf um Goslar" statt. Es geht grundsätzlich um die Abkehr von der jahrzehntelangen einseitigen Frauenförderung hin zu einer fairen Gleichstellung. Die Selbstverständlichkeit der Verweigerung derjenigen, die sich bei der alten Frauenförderung besser aufgehoben sehen, führte zu der eben erlebten Eskalation.

Die Verfechter einer zukünftigen fairen Gleichstellung dagegen sehen in den Ereignissen hier in Goslar einen wichtigen Schritt, werden das würdigen und in Erinnerung behalten. Goslar wird deshalb voraussichtlich auch der Ort sein, in dem die Grüppchen, die überall im Lande bereits existieren, sich zu einer gemeinsamen Plattform verständigen werden. Zum Schluss noch einmal meine persönliche Position.

Wie bekannt und von mir auch bereits im VA vorgetragen, liegt gegen mich dienstrechtlich und arbeitsrechtlich nichts vor und ich habe mir auch nichts vorzuwerfen.

Bis zu der Stelle habe ich es mit Beherrschung und Haltung geschafft. Und dann erwischt mich doch noch die Rührung und schnürt mir die Kehle zu. Als ich aus dem Hamburger Programm der SPD zitieren will, muss ich weinen. Ich denke an meinen Vater, meinen Bruder, meinen Mann, meine Schwiegersöhne und meinen Enkel. Ich sage halb entschuldigend, halb erklärend „*Der folgende Satz ist jetzt aus dem SPD-Programm.*" Ich schlucke und rappele mich etwas: „*Wer die menschliche Gesellschaft will, muss die männliche überwinden*", lese ich laut. „*Wie wirkt solch ein Satz auf einen Vater, der leidet, weil er seine Kinder kaum zu sehen bekommt? Ich bin SPD-Genossin und bleibe es, möchte aber mit solch einem kränkenden Satz nichts zu tun haben. Lieber möchte ich diesem Vater in seinem Wunsch, seine Kinder regelmäßig zu sehen, unterstützen. Ich danke Ihnen für Ihre Aufmerksamkeit.*" In den letzten Jahren bin ich etwas dünnhäutig geworden. Das mag an den Angriffen liegen, denen ich regional ausgesetzt war, auch noch lange nach meiner Abberufung.

Die CDU möchte getrennte Abstimmung über einzelne Punkte des Antrages. Die FDP will einen Ergänzungsantrag stellen und aus der Hauptamtlichkeit möglichst ein Ehrenamt machen. Wie zu erwarten, stimmen Linke, Grüne und SPD geschlossen gegen mich. Die CDU und ein Ratsmitglied der Bürgerliste finden das Vorgehen der politischen Mehrheit und jener Frauen der „Initiative Gute Gleichstellungsarbeit in Goslar" unangebracht. Die CDU will sich an einer Hexenjagd nicht beteiligen. Die einfache Mehrheit reicht laut Gesetz, um mich als Gleichstellungsbeauftragte der Stadt Goslar aus dem Amt zu entfernen, so geschieht es dann auch.

In der *Goslarschen Zeitung* heißt es am 18.5. 2011 in dem Artikel „Zu spät für Fragen": „Das Votum gegen Ebeling war allerdings wie schon berichtet in der Tat eines der verquersten der vergangenen Jahre: eine geteilte Bürgerliste und CDU-Männer, die geschlossen gegen die CDU-Frauen für den Verbleib einer SPD-Frau im Amt stimmten". Die junge Union hatte in einer Pressemitteilung nach der Abberufung erklärt, dass „die Abberufung ein herber Fehler war".

Am Tag nach meiner Abberufung gehe ich wie gewohnt in den Kindergarten. Das erstaunt einige Leute. „ Ich dachte Sie seien heute nicht da", sagt eine Mutter. Sie ist extra gekommen um mir ihren Respekt mitzuteilen. Sie hat Tränen in den Augen, nimmt mich in den Arm und sagt „Sie haben Standhaftigkeit bewiesen. Ich bewundere, wie sie das geschafft haben". Ich muss auch ein bisschen weinen und bin froh, dass wir allein im Garderobenbereich sind.

Vorsichtshalber melde ich eine Nebentätigkeit an. Es gibt ja immer wieder Anfragen von Medien, und es kommen Menschen auf mich zu, die mich zu einem Vortrag einladen möchten. Ich habe mir vorgenommen, keine dieser Anfragen auszuschlagen. Es wird sich irgendwann totlaufen, denke ich mir. Ich finde, ich habe mir nichts zu Schulden kommen lassen. Wenn ein öffentliches Interesse an den Ereignissen in Goslar besteht, dann will ich dem auch gern nachkommen.

Ich lösche meine E-Mails und aktiviere den Abwesenheitsassistenten. Das Handy packe ich in den dafür vorgesehenen Karton. Ich gebe die Tiefgaragenkarte zurück und sortiere die Akten in Umzugskartons. Nach wenigen Tagen sind alle Dinge von meinem Arbeitsplatz verschwunden, die etwas mit der Gleichstellung zu tun haben. Ich habe bereits vor der Abberufung mit meiner unmittelbaren Vorgesetzten eine neue Arbeitszeitregelung besprochen. Es liegt nun eine kleine Sommerpause vor mir und die Ungewissheit, wie es sich wohl weiterentwickeln wird. Ich fühle – das letzte Wort ist noch nicht gesprochen. In der *Braunschweiger Zeitung* ist dann später noch einmal von „Goslars Gleichstellungs-Gezerre“ die Rede. *Die Welt* titelt mit „Gleich, gleicher, Goslar“. „Männerinitiativen aus ganz Deutschland feiern sie hingegen als Heldin, die verkrustete Strukturen des Feminismus aufbricht“, heißt es im Text.

Die *Süddeutsche Zeitung* schreibt: „Da dem Goslarer zudem ein eher sanftes Gemüt zugeschrieben wird, hätte sie (Ebeling), ihn wohl auch besser nicht mit Feststellungen konfrontiert wie der, dass man an ihrer Situation ja sehe, wie heftig Frauen agieren und wie fein ihre Netze gesponnen sein können.“ Die *Junge Welt* schreibt „Zuviel Herz für Männer“ und berichtet: Sie (Ebeling) stehe deshalb „für eine moderne Gleichstellungspolitik des Miteinanders von Männern und Frauen.“ Dies bedeute keinesfalls, dass eine spezielle Frauenförderung nicht mehr angesagt sei. „Überall da, wo Frauen benachteiligt sind, ist es gefordert. Das gleiche gilt aber eben auch für Benachteiligung von Männern.“ *Die Zeit* schreibt nach einem Ortstermin, dass es wohl ungewöhnlich sein muss, dass sich eine Gleichstellungsbeauftragte derart äußert, weil „Männer- und Väterinitiativen aus ganz Deutschland auf Goslar und seine Gleichstellungsbeauftragte aufmerksam geworden sind". Goslars Frauenpolitikerinnen würden eine Internetdebatte verfolgen, in der sie selbst zum Gegenstand werden und lasten dortige Formulierungen bedenkenlos „ihrer moderat und sachlich formulierenden Gleichstellungsbeauftragten an."

Im Gespräch mit Torsten Schmitz von der *Süddeutschen Zeitung* fließen mir gelegentlich sogar die Tränen. Ich stehe doch sehr unter Druck. Er liefert in seinem Artikel „Kaltgestellt" ein so passendes Bild der maßgeblichen Akteure ab, dass ich staune. Renate Luksch, Ratsfrau der SPD, nennt er eine Frau, die keine Gleichstellungsbeauftragte braucht. Sie ist sich selbst eine. Die Vorsitzende des Frauenhausvereines, Gudrun Hesse, „hat noch nie ein Wort mit Monika Ebeling gewechselt. Warum? ‚Weil sie einem das Wort im Mund herumdreht'." Doris Juranek, grüne Ratsfrau, „auch sie hat für die Abberufung von Monika Ebeling gestimmt. Warum? Weil ‚das Thema an mich herangetragen wurde'. Hat sie selbst mit Ebeling geredet? ‚Nein, ich kenne sie gar nicht'."

Im *Deutschlandradio* spricht Paul-Herman Gruner im *politischen Feuilleton*. Er nennt die Abberufung demokratisch legitim, verwaltungsjuristisch legal und eine Sache der organisierten Mehrheit. „In seinen Begründungen und Hintergründen offenbart diese Abwahl in der Provinz vor allem ideologisches Denken in erschreckend durchsichtigem, politisch korrektem Vollzug". Er nennt die Argumentation einen „Unfall im Denken", denn das Wort Gleichstellung habe „selbstverständlich vollkommene semantische Offenheit verdient". Bliebe es bei parteilicher Einseitigkeit für Frauen, dann „wäre einem der alte Titel ‚Frauenbeauftragte' doch lieber, da bekäme die fatale Einseitigkeit der kompensativen Anstrengung das passende, weil ehrliche Türschild". Der Fall Ebeling sei ein weltanschauliches Lehrstück.

Der *Tagesanzeiger* (Schweiz) schreibt: „Um das ‚und' geht es ihr: Diskriminierung kennt kein Geschlecht. Man muss von diesem Wetteifern wegkommen. Das ist ja wie wenn zwei Kranke darüber streiten würden, wer die schlimmere Krankheit hat." Im Interview mit dem *Berliner Tagesspiegel*: „Hier ärgerliche Frauen, dort ausgelaugte Männer", sage ich. „Wir können nicht aktive Väter fordern und bei Trennung und Scheidung sagen: Das Kind gehört aber mir. Frauen halten das alte Mutterideal hoch, als ob es dafür Orden gäbe und sie nicht wüssten, dass geteilte Verantwortung sie auch freier macht: Für den Beruf, für Hobbys, für eine neue Beziehung."

Die Medienanfragen direkt vor und nach der Abberufung fallen über mich her wie ein Heuschreckenschwarm. Mein anfängliches Unbehagen den Medien gegenüber verschwindet und ich begreife, welche Chance hierin steckt. Ich kann Dinge aussprechen, die so zuvor nur wenig Gehör fanden. Das freut mich.

Es gibt aber auch Vorwürfe, gegen die ich mich zur Wehr setzen muss. „Warum sprechen sie in Männergruppen und mit Männern, die Frauen gegenüber einen harten Ton an den Tag legen, die Feministinnen als ‚Vogelscheuchen' bezeichnen und sich sogar für ‚Frauen am Herd' aussprechen?" Solche Leute seien doch nicht nur verbal ein Problem, heißt es mehrfach. Dann erkläre ich (*NZZ*, Schweiz), dass ich mit allen rede, ich sei es als Sozialarbeiterin gewohnt, offen auf Menschen zuzugehen: „Wenn man sich auf Augenhöhe begegnet, ist jedes Gespräch möglich", sagt sie. „Auch mit Leuten, die schwierig sind oder eine andere Meinung haben..." „Dass diese Männer es wagen, dem Feminismus ein ‚Anti' voranzustellen, beeindruckt mich schon", werde ich noch zitiert.

Die *Neue Züricher Zeitung* greift meinen Fall und den Besuch bei den Antifeministen in der Schweiz zwei Mal auf. In dem Artikel „Die zu männerlastige Gleichstellungsbeauftragte" berichtet Marcel Gyr über die Abberufung. „Die Geschichte entbehrt nicht der Ironie“, schreibt er. „Als Heranwachsende habe sie (Ebeling) die Aktivistinnen der siebziger und achtziger Jahre als große Schwestern wahrgenommen, denen sie vertraut habe.“ Das stimmt so. Doch kleine Schwestern werden groß und große Schwestern alt. Man muss den Staffelstab übergeben, dazu gehört, dass er losgelassen wird. Oder soll er von den jungen Frauen aus der Hand der altgedienten Ikonen gerissen werden?

Im Juli erscheint im *Schweizer Tagesspiegel* mein Artikel mit der Überschrift „Miteinander stark“. „Nach einem Jahrhundert der Ausbeutung des Mannes in einer industriellen Welt und seiner Seelenzerstörung durch Weltkriege muss eine Gleichstellungspolitik mit Weitblick auch das vermeintlich starke Geschlecht mit einbeziehen“, heißt es im Vorspann. Und: „Dafür braucht es faire Scheidungs-Modalitäten und männerkooperative Frauen“. Die Zeitschrift *Emma* berichtet in einem kurzen Text über „Die Frauenhasser“ und meint damit die Antifeministen in der Schweiz. Sie berichtet gleich daneben auch über „Die Männerversteherin“, das soll dann ich sein. Der *Stern* hatte vor Wochen seinen Artikel zur Sache auch schon so überschrieben, „Die Männerversteherin“. Ich muss schon schmunzeln darüber, was aus „mir“ so gemacht wird.

Karriere-Spiegel bittet um ein Interview zum Thema Gleichstellungsbeauftragte und zitiert mich mit den Worten „Für diesen Job braucht man eine Gebärmutter“. Der *Landspiegel* befasst sich mit dem Thema Gleichstellung und bittet um ein Interview, ebenso die *Braunschweiger Zeitung* und das Studentenmagazin *Studi38* (Braunschweig). *Brand Eins*, das Wirtschaftsmagazin, berichtet in der Ausgabe 8/11 über heimliche Helden und interviewt mich ebenfalls. Für die Zeitschrift *Focus* schreibe ich auf Anfrage einen Beitrag in der Rubrik Debatte. Ich fordere „Stoppt endlich die Geschlechterapartheid“. Der Text wird freundlicherweise von Isabel Henriques übersetzt und über Erin Pizzey in England bekannt gemacht. „Die weibliche Dominanzkultur hat letztlich die Reduzierung, Domestizierung und Dressur des Mannes zum Ziel", schreibe ich dort, ganz im Sinne von Esther Vilar. Man begegnet sich immer zwei Mal im Leben, heißt es.

Im Juni nimmt die *Braunschweiger Zeitung* das Thema Gleichstellung von Mann und Frau mit fünf Artikeln zum Thema auf. In der Rubrik „Leser fragen" stelle ich mich zwei Leserinnen und einem Leser zur Diskussion. Die gingen ganz schön hart ran, muss ich sagen. Deshalb habe ich gleich nach wenigen Fragen gesagt, dass ich in dieser Diskussionsrunde nicht auf der Anklagebank sitze. Der Leserbriefschreiber Prof. emer. Dr. Hein Retter von der Technischen Universität Braunschweig bemerkt, „den kommunikativen Umgang von Sandra Augustin-Dittmann (Gleichstellungsbeauftragte der TU Braunschweig), und Christine Piefke (Frauenunion CDU) mit Frau Ebeling empfand ich als nicht ganz fair, aber als durchaus rollengerecht." Dass ich mich auch um Männer kümmere, findet er human und meint, das sollte nicht disqualifiziert werden.

Auch in der Hauptstadt wird vom „Streit in Goslar" berichtet. Der *Tagesspiegel* und die *Berliner Morgenpost* greifen das Thema auf.

Die Menschen, die mich vor Ort aktiv unterstützen, sind wenige. Auch die Gegenseite hat nicht viel Personal, aber ihr stehen bessere Umstände und Mittel zur Verfügung, sie wird staatlich subventioniert. So schafft es diese kleine Gruppe am Ende doch, Mehrheiten zusammenzubringen. Wo bin ich da nur hineingeraten, denke ich manchmal und wundere mich darüber, wie sich diese ganze Sache entwickelt.

Ich habe doch ganz simpel begonnen und das Credo „Mann und Frau sind gleichberechtigt" nur konsequent weitergedacht. Es war mir ein Anliegen, immer auch zu überlegen, wie es demjenigen auf der anderen Seite wohl gehen mag. Gerade in den Fällen, in denen Frauen und Männer für Kinder sorgen müssen, war es mir wichtig, die Sache der Kinder voranzubringen und erwachsene Menschen, mündige Bürger auf ihre Verantwortung für hilflose und abhängige Kinder hinzuweisen. Im Oktober 2011 beantworte ich für die regionale Zeitschrift *clicclac* elf Fragen zu meiner Person. Ich nehme an einer Podiumsdiskussion im Presseclub in München teil. Ich möchte mich auch nach meiner Abberufung für die gerechte Sache und die Kinder weiter einsetzen.

Meine Belastung ist nach dem 17. Mai nicht geringer geworden. Die Auseinandersetzungen am Arbeitsplatz spitzen sich durch einen Ratsantrag der FDP verheerend zu. Es ist wie ein Rudern gegen den Strom. Als wenn ich auf einer Rolltreppe in die falsche Richtung gehen muss. Ich bin gesundheitlich angeschlagen. Bekomme ich jetzt Depressionen? Habe ich irgendwie Herzprobleme? Ich fühle mich matt und niedergeschlagen. Ich schlafe schlecht und muss sehr aufpassen, jetzt keine Fehler zu machen.

Ich werde zu einem Vortag in die Uni Kehl und vom WDR Fernsehen zu „Westart.talk" mit Bettina Böttinger eingeladen. Fast zeitgleich erhalte ich eine Einladung zu einem Vortrag für 2012. Seit Jahren beschäftigt sich Prof. Dr. Wolfgang Tischner als Erziehungswissenschaftler mit geschlechterpädagogischen Fragen, insbesondere mit Fragen der Bildungsbenachteiligung von Jungen. Gemeinsam mit seinem Heidelberger Kollegen Michael Matzner hat er das Handbuch Jungen-Pädagogik beim Beltz-Verlag herausgegeben. Tischner schreibt mir in der Einladung: „... das Verhalten des Goslarer Stadtrats in Sachen Ihrer Amtsenthebung als Gleichstellungsbeauftragte hat mich sehr empört. Ihrer Haltung, in gleicher Weise gegen Benachteiligungen sowohl des weiblichen als auch des männlichen Geschlechts vorzugehen, stehe ich mit großer Sympathie gegenüber." Diese Empörung teilen viele Frauen und Männer, deshalb wurden der

Rat und die Verwaltung in Goslar im zeitlichen Umfeld der Abberufung mit E-Mails von empörten Frauen und Männern überschwemmt. So sehr, dass ein Ratsmitglied gestand, diese E-Mails gar nicht mehr zu öffnen.

Im Advent macht mich eine Tochter auf die Frauenzeitschrift *Maxi* aufmerksam. Tatsächlich. In der Dezemberausgabe 2011 widmet man sich dem Thema „Wenn Frauen Männer schlagen". Die Autorin schreibt unter anderem: „Aber Männer als Opfer physischer und psychischer Gewalt durch ihre Partnerinnen? Für viele klingt das nach einer grotesken Fantasie. Im niedersächsischen Goslar musste die Gleichstellungsbeauftragte im Mai ihr Amt räumen – weil sie in einer öffentlichen Kampagne angeblich zu stark angeprangert hatte, auch Männer könnten Opfer häuslicher Gewalt sein."

Ab der Sommerpause nach meiner Abberufung wird es für mich an meinem Arbeitsplatz extrem problematisch. Die FDP, mit dem Fraktionsvorsitzenden Christian Rehse an der Spitze, macht aus meiner Person und meiner Tätigkeit als Kindergartenleitung ein Wahlkampfthema. Die Kita, die ich leite, liegt in dem Stadtteil, in dem die FDP wohl die meisten Wähler hat. Bereits im nächsten Verwaltungsausschuss nach der Abberufung wird wieder über mich diskutiert. Initiator der Diskussion wird wohl die FDP gewesen sein. Denn nach meiner Abberufung setzt die FDP, keine drei Monate später und für mich aus heiterem Himmel, nach. Sie fordert in einem Ratsantrag meine Absetzung als Kita-Leitung und eine Abmahnung. Man bezieht sich unter anderem auf meinen Artikel „Stoppt endlich die Geschlechterapartheit", der in der Zeitschrift *Focus* erschien.

Ich sei radikal, heißt es in diesem nicht öffentlichen, doch öffentlich gemachten Ratsantrag, und ich könne eine Kindertagesstätte nicht neutral leiten. Als ich von diesem Antrag erfahre, breche ich innerlich zusammen. Nach der politischen Pleite kommt nun wohl die berufliche Demontage noch hinzu. Das alles wird regional wieder mit einseitiger Berichterstattung und persönlicher Häme gewürzt. Ein schwer verdaulicher Cocktail für mich. Es macht sich in mir eine überaus negative Stimmung breit. Ich denke ich kann jetzt sowieso nur noch alles falsch machen.

Aus dem Frösteln in einer Goslarer Gaststätte und dem Feuer unter dem heißen Stuhl in einer Planungsgruppe ist seit der Abberufung ein wahres Höllenfeuer geworden. Nun folgt also noch eine „Hetzjagd" auf die Überreste dieser Frau. Es gibt plötzlich Beschwerdebriefe von Eltern gegen mich. Die *GZ* titelt „FDP will Absetzung Ebelings als Kindergartenleiterin", wenig später heißt es Ebelings Verhalten sei „verwerflich und illoyal". Unterschriftenlisten kursieren. Die Kollegen machen ihre Arbeit gut, heißt es, nur Frau Ebeling nicht, die soll ihren Arbeitsplatz verlassen. „Jetzt wird eine Sau durchs Dorf gejagt", sage ich meinem Mann und fühle mich ausgebrannt. Dann stirbt im November plötzlich eine meiner Töchter. Ich bin am Ende und schleppe mich zum Arzt. Nichts geht mehr.

Meine Berufung

Mein Arbeitgeber hatte mich vor fast vier Jahren gebeten, dieses Amt zu übernehmen. Nachdem ich bereits mehr als fünf Jahre im öffentlichen Dienst der Stadt Goslar als Kita-Leitung tätig war, sprach mich mein Vorgesetzter an. Diese Stelle sei ausgeschrieben, ob ich das vielleicht machen könnte. Man hätte mich doch sicher nicht angesprochen, wenn man mich menschlich und fachlich dafür nicht für geeignet halten würde. Es hat mich geehrt und mir die Wertschätzung meines Arbeitgebers mir gegenüber gezeigt. Also habe ich mich auch mit dem Gedanken, dieses Amt möglicherweise zu übernehmen, auseinandergesetzt. Die Ausschreibung war mir ja bereits selbst ins Auge gefallen, bevor die persönliche Anfrage kam. Ich hatte sie im Intranet gelesen, den Gedanken aber sogleich verworfen. Es handelte sich ja nur um eine Halbtagsstelle, das kam für mich nicht in Frage. Deshalb hatte ich darüber gar nicht weiter nachgedacht. Als ich dann meinem Mann zu Hause von dieser Anfrage erzählte, war er erstaunt. Ich sehe mich noch mit ihm auf dem Balkon sitzen, als ich ihm beiläufig von dieser Anfrage erzähle. Wir trinken unseren rituellen Feierabendkaffee und plaudern über den Tag. „Gleichstellungsbeauftragte", sage ich, „wer will das denn heute noch werden?" Ich lege in dieses Amt kaum Gewicht. „Du bist in diesem Job genau die Richtige, weil du ausgewogen denkst", macht er mir Mut. Ja, es hat auch einige Überzeugungsarbeit und einiges Nachdenken gekostet, dieses Angebot dann doch anzunehmen. Nachdem ich mich entschieden habe, krempele ich die Ärmel hoch.

Ich nehme noch Rücksprache mit meinen Kolleginnen, auf die eine solche Entscheidung ja auch Einfluss haben wird. Sie wollen mich unterstützen, sagen sie. Dann werden verwaltungsintern die weiteren Vorbereitungen getroffen. Ich will es versuchen und bin mir der Rückendeckung durch meine Familie und meine Kollegen in der Kita sicher. Beide Seiten nehmen immer wieder regen Anteil, wenn ich in den kommenden Monaten aus meinem Berufsalltag berichte. Sie bestärken mich.

Ich stelle mich also den Fraktionen im Verwaltungsausschuss vor. Dort sitzen bereits all die Männer und Frauen, denen meine Arbeit in knapp drei Jahren überhaupt nicht mehr gefallen wird. Ein dunkler, zugiger historischer Raum im alten Rathaus mit schlechter Akustik ist der ehrenwerte Ort für die maßgeblichen politischen Vorentscheidungen. Was hier beschlossene Sache wird, geht in der Regel wie geschmiert auch durch den Rat. Ich bin im Verwaltungsausschuss während des Tagesordnungspunktes, der mich betrifft, anwesend und darf erst einmal den Formalien lauschen. Dann soll ich das Wort ergreifen. Ich stehe auf und erläutere meinen Berufsweg und warum ich wohl für das Amt der Gleichstellungsbeauftragten geeignet sein könnte. Die politischen Machthaber nehmen das wohlwollend zur Kenntnis. Ich muss zur Abstimmung den Raum verlassen, werde einstimmig gewählt und fahre nach Hause.

Es folgt Anfang August 2008 die Ratssitzung. Ich lasse es mir nicht nehmen, im Publikum zu sitzen. Natürlich will ich wissen, ob zur Sache diskutiert und wie das Abstimmungsergebnis sein wird. Die Rathausdiele ist ebenfalls ein historischer Raum. In die Decke sind kleine goldene Sterne eingelassen. Wie ich mir einmal erzählen ließ, hat der Kaiser hier Recht gesprochen, wenn es ihm draußen zu kalt wurde. Normalerweise muss er das unter freiem Himmel tun, deshalb hat man die Sterne hier platziert. An der Decke hängen auch riesige Kronleuchter mit Geweihen, sie sollen den Herrscher wohl ins rechte Licht rücken.

Die Stadt Goslar ist Weltkulturerbe, weil der Ritter Ramm, besser sein Pferd, hier Erz fand. Hier ist wirklich vieles historisch. Als ich noch in der Stadt wohnte, ging ich gern durch die kleinen Seitengassen der Altstadt. Auf so einem Spaziergang könnte man fast glauben, es kommt gleich ein alter Karren mit einem Ochsen des Weges. Man meint das Klappern von Eselshufen auf dem Kopfsteinpflaster zu hören. Man könnte denken, ein Ritter kommt daher geritten und scheppert mit seiner Rüstung.

Das Glockenspiel am Marktplatz ist mehrmals täglich ein Touristenmagnet. Überhaupt ist der Marktplatz ein rundum bemerkenswerter Platz. Da steht auch der mittelalterliche Pranger. Wer verurteilt wurde und zur Strafe an den Pranger kam, konnte von anderen beschimpft, bespuckt und mit Unrat beworfen werden. Und ganz in der Nähe hängt auch das Dukatenmännchen an einer Hausecke. Da mussten sich Schuldner mit dem nackten Hinterteil auf eine schmale Platte setzen, wenn sie nicht zahlen konnten. Die Butterhanne ist eine weitere historische Figur in Goslar. Sie gefällt mir besonders gut. Beim Buttern hat die Hanne ihren Rock gelüftet und den Ratsleuten zum Spott ihren nackten Hintern gezeigt. Sie prangt weit oben an einem historischen Fachwerkhaus. Vielleicht hat es die Frau auch einfach nur gejuckt? Es lohnt sich jedenfalls einen Abstecher nach Goslar zu machen und vielleicht sogar mehr als eine Durchreise.

An jenem Tag im August sitze ich also auf der Rathausdiele. Als der Tagesordnungspunkt „Berufung der Gleichstellungsbeauftragten" von der Ratsvorsitzenden aufgerufen wird, ergreift jede Fraktion noch einmal das Wort und begrüßt, nach Jahren der Vakanz nun endlich wieder eine kompetente und erfahrene Frau als Gleichstellungsbeauftragte gefunden zu haben. So viel Lob aus jeder politischen Ecke. Wie schafft man das nur? Ich komme mir vor wie ein Chamäleon. Kann es wirklich sein, dass in Fragen der Gleichstellung von Mann und Frau alle Parteien inhaltlich keine Differenzen haben?

Auf der Goslarer Rathausdiele erhalte ich noch einen Blumenstrauß zur Begrüßung. Dann folgen ein Fototermin mit der Presse und ein Interview mit der Redakteurin der regionalen Zeitung. Ich sage ihr bewusst, ich sei im Herzen frauenbewegt. So ist es dann auch am Tag nach meiner Berufung als Schlagzeile für die Öffentlichkeit zu lesen. Ja, ich bin frauenbewegt. Aber nicht ausschließlich.

Es heißt ja schon seit etlichen Jahren in Niedersachsen nicht mehr „Frauenbeauftragte" sondern „Gleichstellungsbeauftragte". Allein diese Begriffsänderung erweitert für mich und auch für viele Bürger die Aufgabenstellung dieses Amtes. Wenn der Gesetzgeber allein die Frauenrechte im Blick behalten wollte, dann hätte er getrost die alte Bezeichnung „Frauenbeauftragte" beibehalten können. Für mich ist diese Begriffsänderung eine deutliche inhaltliche Öffnung in Richtung der Männer.

Ich will Gleichstellungskekse backen. Dazu habe ich mir kleine Piktogramme von Mann und Frau anfertigen lassen. Wir sind doch alle aus einem Teig, oder? Zu Hause habe ich mit diesen Ausstechformen schon einmal experimentiert und Kekse gebacken. Die ersten verschenke ich an einige meiner Kollegen, quasi zum Einstieg. Dann wende ich mich an die Jugendwerkstatt der Diakonischen Beratungsdienste vor Ort und mache die Presse auf unsere Backaktion „Gleichstellungskekse" aufmerksam. Damit bringe ich, gemeinsam mit der Leiterin der Jugendwerkstatt, gleich noch die Probleme von Jugendlichen, Jungen und Mädchen, in die Zeitung. Die Ausgangsvoraussetzungen und die Lebensumstände dieser jungen Leute sind für eine Berufsausbildung nicht leicht, darauf weisen wir hin. Hätte ich als Gleichstellungsbeauftragte jetzt nur auf die Problematik der Mädchen aufmerksam machen sollen?

Bereits 2006 schreibt Frau Welskopp-Defaa, Abteilungsleiterin im Bundesministerium für Familie, Senioren, Frauen und Jugend in einem Bulletin des Deutschen Jugendinstituts, dass die Zeiten der männerblinden Gleichstellungspolitik vorbei seien. Die Bundesregierung hat unlängst ein Referat 408 „Eigenständige Jungen- und Männerarbeit" eingeführt und ihrem Wunsch auf Unterstützung der Männer damit Ausdruck verliehen. Neben dem Frauenrat gibt es seit 2009 auch ein Bundesforum Männer, welches sich auf Bundesebene mit den Gleichstellungsbedürfnissen von Männern auseinandersetzen will. Es gibt sie, die „bewegten Männer". Männer, die sich mit ihren berechtigten Anliegen Gehör verschaffen wollen. Warum sollte dies nicht auch Teil meiner Aufgabe als Gleichstellungsbeauftragte sein dürfen?

Die Gesetzeslage zur Gleichstellung von Mann und Frau ist für mich klar und zielt überall auf beide Geschlechter hin. Die Gleichbehandlung von Mann und Frau ist ein durchgängiges Grundprinzip unserer Rechtsprechung.

Im *Grundgesetz Artikel 3* ist zu lesen: „Alle Menschen sind vor dem Gesetz gleich. Männer und Frauen sind gleichberechtigt. Der Staat fördert die tatsächliche Durchsetzung der Gleichberechtigung von Frauen und Männern und wirkt auf die Beseitigung bestehender Nachteile hin. Niemand darf wegen seines Geschlechtes, seiner Abstammung, seiner Rasse, seiner Sprache, seiner Heimat und Herkunft, seines Glaubens, seiner religiösen oder politischen Anschauungen benachteiligt oder bevorzugt werden. Niemand darf wegen seiner Behinderung benachteiligt werden."

Nach dem *Bundesgleichstellungsgesetz* (BgleiG) sind alle Beschäftigten, insbesondere auch solche mit Vorgesetzten- und Leitungsaufgaben, verpflichtet, die Gleichstellung von Frauen und Männern zu fördern. Diese Verpflichtung ist als durchgängiges Leitprinzip in allen Aufgabenbereichen der Dienststelle sowie auch bei der Zusammenarbeit von Dienststellen zu berücksichtigen.

Die *Strategie für die Gleichstellung von Frauen und Männern der EU* bekräftigt den dualen Ansatz, der auf der Förderung der Gleichstellung im Rahmen aller Politikbereiche und Tätigkeiten („Gender Mainstreaming") sowie auf spezifischen Maßnahmen beruht.

In der *Niedersächsischen Gemeindeordnung* (NGO) heißt es im § 5 a: „Die Tätigkeit der Gleichstellungsbeauftragten hat das Ziel, zur Verwirklichung der Gleichberechtigung von Frauen und Männern beizutragen. Die Gleichstellungsbeauftragte ist unmittelbar der Bürgermeisterin oder dem Bürgermeister unterstellt. Bei rechtmäßiger Erfüllung ihrer Aufgaben ist sie an Weisungen nicht gebunden. Sie wirkt nach Maßgabe der Absätze 6 und 7 an allen Vorhaben, Entscheidungen, Programmen und Maßnahmen mit, die Auswirkungen auf die Gleichberechtigung der Geschlechter und die Anerkennung der gleichwertigen Stellung von Frauen und Männern in der Gesellschaft haben."

Und weiter: „Die Bürgermeisterin oder der Bürgermeister berichtet dem Rat gemeinsam mit der Gleichstellungsbeauftragten alle drei Jahre über die Maßnahmen, die die Gemeinde zur Umsetzung des Verfassungsauftrages aus Artikel 3 Abs. 2 der Niedersächsischen Verfassung durchgeführt hat, und über deren Auswirkungen." Die *Niedersächsische Verfassung* legt fest: „die Achtung der Grundrechte, insbesondere die Verwirklichung der Gleichberechtigung von Frauen und Männern, ist eine ständige Aufgabe des Landes, der Gemeinden und Landkreise. Niemand darf wegen seines Geschlechts, seiner Abstammung, seiner Rasse, seiner Sprache, seiner Heimat und Herkunft, seines Glaubens, seiner religiösen oder politischen Anschauungen benachteiligt oder bevorzugt werden. Niemand darf wegen seiner Behinderung benachteiligt werden." Der Rat einer Kommune kann der Gleichstellungsbeauftragten weitere Aufgaben zur Förderung der Gleichberechtigung von Frauen und Männern übertragen. Die Gleichstellungsbeauftragte kann dem Rat hierfür einen Vorschlag machen.

Das *Niedersächsische Gleichberechtigungsgesetz* (NGG) ist zu Beginn 2011 modernisiert worden und verbessert die Bestimmungen des sechzehn Jahre alten Niedersächsischen Gleichberechtigungsgesetzes vom 15.6.1994. Es fordert, Frauen und Männern eine gleiche Stellung in der öffentlichen Verwaltung zu verschaffen, sowie Vereinbarkeit von Familie und Erwerbstätigkeit zu erleichtern; es wendet sich gegen die Benachteiligung aufgrund des Geschlechts und spricht von der Beseitigung der Unterrepräsentanz eines Geschlechtes und nicht mehr ausschließlich von der Unterrepräsentanz der Frau. Das veranlasste Anfang 2011 zum Beispiel den Niedersächsischen Landtag, in einer Stellenausschreibung ausdrücklich darauf hinzuweisen, dass die Bewerbung von Männern besonders gern gesehen ist.

Im *Aufgabenkatalog der Stadt Goslar* für die Stelle 401 „Gleichstellungsbeauftragte" (2007) heißt es, die Gleichstellungsbeauftragte sei Ansprechpartnerin für Anfragen, Anregungen und Beschwerden aus der Bevölkerung beziehungsweise der Beschäftigten der Stadt Goslar im Hinblick auf Ungleichbehandlungen und Diskriminierungen, und sie sei Gleichstellungsbeauftragte nach dem *Allgemeinen Gleichbehandlungsgesetz* (AGG). So steht es auch in der Stellenbeschreibung, auf die ich mich bewerbe.

Ich hege keinen Zweifel daran, dass ich als Gleichstellungsbeauftragte die Pflicht habe, beide Geschlechter in meiner Arbeit zu berücksichtigen. Gehe ich da von einer falschen Vorstellung aus, obwohl die Gesetzeslage so eindeutig ist?

Auf einem Regionaltreffen von Gleichstellungsbeauftragten referiert eine Politikwissenschaftlerin zur Lage der Gleichstellungsarbeit. Sie meint, Gleichstellungsbeauftragte seien ausgewiesene Expertinnen für Gleichstellung (sic!), sie seien wie Managerinnen. Es gäbe zwar Gesetze für Gleichstellungsbeauftragte, aber die seien nebulös, solche Gesetze hätten wenig Sinn. Gleichstellungsbeauftragte können in die einzelnen Fachbereiche einer Verwaltung nicht hineinregieren und Maßnahmen durchsetzen. Sie seien eher Initiatoren, eine Beratungsinstanz in der Verwaltung. Gleichstellungsbeauftragte würden eine ambivalente Rolle spielen, eine Interessensvertretung sein, die mit Verwaltungsstimme spricht. Es gäbe keine klaren Regelungen. Sie fragt in den Raum hinein, wieso denn jetzt der Ruf nach Abschaffung der Gleichstellungsbeauftragten käme, wo doch das Arbeitsfeld so umfänglich sei. Es gäbe keine Einheitsstrategie für Gleichstellung beziehungsweise Frauenförderung. Sie meint weiter, dass es auch keine schlagkräftige Frauenbewegung mehr geben würde, aber viele Akteure. Man müsse sich heute an verschiedenen Stellen zu kleinen, aber wirksamen Netzen verbinden und die Scheu verlieren. Frauenförderung sei ein zwiespältiges Schwert, Gleichstellungsbeauftragte würden bestimmte Altersgruppen vergrätzen, sie sollten besser den Begriff der „Gerechtigkeit“ nutzen. Sie spricht auch davon, dass bei Scheidungen und im Arbeitsleben der Kampf der Geschlechter stattfinden würde.

Ich habe schnell gemerkt, dass die rechtliche Klarheit, die ich im Gesetz nachlesen kann, mit der Praxis nicht standhält. An der gleichstellungspolitischen Basis wird mehr oder weniger beharrlich nach den alten Strategien der einseitig parteilichen Förderung von Frauen gearbeitet. In Goslar verkörpern dies für mich die Frauen der „Initiative Gute Gleichstellungsarbeit“.

Moderne Gleichstellungsarbeit im Sinne der Gesetze an der Basis zu praktizieren ist schwer, weil man einer jahrzehntelang eingeübten Gegenströmung gegenübersteht. Auf Frauen- und Männerthemen aufmerksam zu machen erscheint mir aber ganz normal und in keiner Weise ein Widerspruch. Es ist eher eine Bereicherung und entspricht aus meiner Sicht auch dem Gender Gedanken. Als Mitarbeiterin der öffentlichen Verwaltung muss ich mich fragen, welche Auswirkungen dieses oder jenes auf das jeweils andere Geschlecht hat. Das ist für mich auch die zentrale Frage moderner Gleichstellungsarbeit. Mir verbietet mein Berufsethos als Sozialarbeiterin, mich einseitig parteilich nur für ein Geschlecht einzusetzen, denn ich engagiere mich für Menschen allgemein. Im Rahmen meiner Fortbildung zur systemischen Familientherapeutin habe ich gelernt, mehr als nur eine Person in meine Überlegungen einfließen zu lassen und mich und meine Gedanken zur Sache in möglichst viele Richtungen zu öffnen. Das alles macht es mir unmöglich, einseitig parteilich für Frauen und dann auch noch im Sinne einer ideologischen Haltung zu arbeiten.

Im August 2008, also dem Monat meiner Berufung, lese ich in der *Braunschweiger Zeitung* von dem Psychologen Carsten Braasch. Er hatte sich auf die Stelle der/des Gleichstellungsbeauftragten in der Gemeinde Lehre beworben und wurde abgewiesen. Das sei verfassungsgemäß, argumentierte das niedersächsische Sozialministerium. Nur Frauen könnten diese Stelle besetzen. Die Gesetzgebung gründe sich darauf, dass Frauen in der Gesellschaft immer noch benachteiligt werden. Braasch beteuert in der Zeitung, er könne sich als Psychologe in die Lage der Frauen hineinversetzen und kenne beide Welten, die der Männer und der Frauen. Es käme bei der Aufgabe doch auf Fach- und Sachkompetenz und nicht auf das Geschlecht an. Im Artikel wird auch die Idee der Frauenbeauftragten der Braunschweigischen Landeskirche aufgegriffen. Sie meint, es sei sinnvoll, wenn die Männer von einem Mann und die Frauen von einer Frau vertreten würden. Diese Information geht nicht spurlos an mir vorbei. Im Gegenteil findet das in mir Resonanz, es fühlt sich nach Aufbruch an und inspiriert mich. Ich könnte mir sehr gut vorstellen, die Gleichstellungsstelle gemeinsam mit einem Mann zu leiten. Das fühlt sich für mich richtig und ausgewogen an.

Eine kleine Anfrage des Bundestagsabgeordneten Ralph Borner (CDU) hat ergeben, dass bundesweit 100 % aller Gleichstellungsbeauftragten in Betrieben und Behörden weiblich sind. „Das ist ein Skandal", erklärt Borner gegenüber dem *Postillion*. Männer könnten mindestens genauso gut wie Frauen Gleichstellung von Frauen und Männern fördern und durchsetzen.

Männer erzählen mir, sie seien bei Frauen- und Gleichstellungsbeauftragten überwiegend nicht willkommen. Manche Briefe, die Männer oder Männergruppen an eine Gleichstellungsbeauftragte richten, werden gar nicht erst beantwortet, oder es kommen Floskeln, die auf Nichtzuständigkeit für diese männlichen Anliegen verweisen. Das hier ist ein Frauenbüro heißt es, wenn Männer an manches „Gleichstellungsbüro" klopfen. Wenden Sie sich doch bitte woanders hin. Ja aber wo denn? Viele der Männer, mit denen ich rede, sind darüber erstaunt, dass ich auf ihre Anliegen eingehe. Sie setzen in mich anscheinend auch ein wenig Hoffnung.

In einer Veranstaltung von Gleichstellungsbeauftragten, es tagen etwa dreißig Frauen in dem kleinen Saal, wird deutlich, dass der Ansturm der Männer auf die Gleichstellungsstellen von Gleichstellungsbeauftragten durchaus als Problem wahrgenommen wird. „Wir wissen nicht, wie wir darauf reagieren sollen", in der Art drückt es eine Kollegin in diesem Workshop aus. „Die Männer nehmen uns auch Ressourcen weg, die wir für die Frauen brauchen", macht eine andere Kollegin klar. Da steckt die Gleichstellungsarbeit in einer Klemme, denn die anwesenden Frauen zeigen auch deutlich, dass sie den Anliegen der Männer inhaltlich nicht wirklich gewachsen sind. Einmal steht in dieser Veranstaltung die Frage im Raum, welche Diskriminierungen denn Jungen und Männern widerfahren könnten. Erst betretenes Schweigen, dann Gelächter. Männer und Diskriminierung?

Ich habe in meinem Leben oft gehört: „Das starke Geschlecht braucht keine Unterstützung!" Keinesfalls nicht von uns Frauen, denn wir haben genug damit zu tun unsere eigene Emanzipation voranzubringen. Im Gegenteil müsste die Macht der Männer eingeschränkt werden.

Es muss Jungen schwerer gemacht werden als Mädchen, heißt es 1986 in einem Artikel in der Zeitschrift *Emma*, von einer Autorin, die nach eigenen Aussagen eine Tochter und einen Sohn erzieht. Männer seien viel zu oft destruktiv. Sie würden Kriege und gesellschaftliche Krisen verursachen. Sie seien nicht nur gegeneinander, sondern insbesondere auch gegen Frauen gewalttätig. Weltweit würden Frauen von Männern unterdrückt. Ich habe solche und noch viel schärfer formulierte Aussagen gegen Männer in der sogenannten Frauenliteratur der 1970er und 1980er Jahre gelesen. Jedes Wort gegen Männer scheint gerechtfertigt, denn der Mann hätte sich in der Geschlechterhierarchie ja über die Frau gestellt. In einer solchen Denkweise bleibt die Begegnung von Mensch zu Mensch, von Frau zu Mann jedoch auf der Strecke. Wir Frauen lassen uns in etwas hineinziehen, das das Zwischenmenschliche zerstört, wenn wir diesen einseitigen und radikalen feministischen Aussagen folgen.

Die Männer klopfen bei mir an die Tür. Ich nehme diese Herausforderung an und es ehrt mich auch ein wenig, dass ich ihr Vertrauen habe. Was ich mir schon lange wünsche, nämlich auch die andere Version der Geschichte zu erfahren, erfüllt sich nun. „Both sides of a story", singt Phil Collins.

Für einen zeitgemäßen Feminismus

In einer Sitzung mit mehreren Frauen und Männern kommt die Idee auf, eine Veranstaltung mit Referenten von außerhalb durchzuführen. Wir sitzen in einem Besprechungszimmer, essen Pizza und trinken ein Glas Brause. Wir diskutieren eifrig an einem Vortragsthema und im Überschwang unserer Gespräche einigen wir uns auf „Ist der Feminismus noch zu retten". Uns gemeinsam ist eine kritische Distanz zu dem, was man landläufig „Feminismus" nennt. Vielleicht sind wir auch „Freigeister". Wir treffen uns einige Male im kleinen Kreis, um diese Veranstaltung vorzubereiten.

Ich hatte mich an Eckhard Kuhla, einen der Herausgeber des Buches „Befreiungsbewegung für Männer" (2009), gewandt. Befreiungsbewegung für Männer? Da wäre ich gern dabei, das klingt nach Aufbruch und kraftvoll. Kuhla ist ein quirliger Mann, in seiner Sache hoch motiviert. Er lacht gern, wie mir scheint. Mit seiner Hilfe gewinne ich Astrid von Friesen und Prof. Dr. Gerhard Amendt für einen Vortrag. Beide sind auch Autoren in dem oben genannten Buch. Parität der Geschlechter ist mir auch für eine Veranstaltung wichtig, deshalb finde ich es gut, eine Frau und einen Mann als Referenten zu gewinnen. Ich kenne die beiden persönlich überhaupt nicht und habe mich auch nicht mit ihren Lebensläufen befasst. Sie sollen ja Impulsreferate halten, mehr nicht. Ich gehe davon aus, dass sie dies im Sinne ihrer Buchbeiträge tun, und die haben mir gefallen.

Das Buch „Befreiungsbewegung für Männer" war für mich eine willkommene Leseabwechslung und ragt inhaltlich aus dem frauenpolitischen Einerlei der letzten Jahrzehnte heraus. Aufgrund der unterschiedlichen Schreibstile verschiedener Autoren ist es nicht flüssig zu lesen, aber es beeindruckt mich ob seiner Vielfalt und Inhalte. Ich lese es etwa ein Jahr vor der legendären Veranstaltung in der Kaiserpfalz. Überwiegend in meinem Urlaub an der andalusischen Küste. Da liege ich in der Sonne. Die Wellen rauschen sanft, Stimmengemurmel am Strand. Wie immer habe ich den Textmarker zur Hand, um für mich interessante Aussagen später besser wiederfinden zu können.

Ich gebe zu, so ganz entspannt war das Lesen dieses Buches nicht. Im Gegenteil ist das, was ich dort lese, für mich nicht immer einfach auszuhalten. Astrid von Friesen berichtet zum Beispiel über Negativfolgen des Feminismus, sie schreibt davon, dass sich normal empfindsame Menschen der existenziellen Not der Väter verweigern. Sie nimmt uns Frauen in die Verantwortung, spricht von unserer Mitleidlosigkeit gegenüber Männern und von möglichen weiblichen Rachegelüsten. Sie bringt damit auch mein mir innewohnendes frauenpolitisches oder feministisches Idyll durcheinander, aber das ist gut so!

Von Friesen ist Autorin und Diplom Pädagogin, Gestalt- und Traumatherapeutin, sowie Autorin und Publizistin. Ihr Buch „Schuld sind immer die Anderen" ist eine persönliche Aufarbeitung des Feminismus und ein kämpferisches Eintreten für die

Männer, wie sie auf ihrer Internetseite schreibt. In ihr entdecke ich eine Frau, mit deren Anschauungen ich mal wieder etwas anfangen kann. Wir lernen uns später noch persönlich kennen und schätzen.

Prof. Dr. Gerhard Amendt ist Soziologe und Geschlechter- und Generationenforscher. Er beschäftigt sich im Rahmen seiner Forschung auch mit Vätern. Von einigen Kritikern wird ihm unterstellt, er sei frauenfeindlich, weil er in Frauenhäusern ein Hort des Männerhasses sehen soll und diese abschaffen möchte. Ich wusste diese Dinge bis zur Veranstaltung nicht. Hätte ich es wissen müssen? Das mit der Abschaffung des Frauenhauses hat sich in Windeseile unter den Frauen, die gegen mich opponieren, herumgesprochen und war der „guten Initiative" auch einen entsprechenden Leserbrief im Nachgang zur Veranstaltung wert.

Amendt besticht durch seine ruhige und gelassene Art, ich habe ihn mittlerweile einige Male persönlich getroffen. Blitzschnell durchschaut er Zusammenhänge und kann diese gut erläutern. Er lehrt, und das auf eine sehr nette Art und Weise. Ich begegne in ihm auch einem Großvater und liebevollen Ehemann. Nur wenige persönliche Sätze sind nötig, um das zu erkennen.

Ich reserviere die Rathausdiele für diese Veranstaltung und lade 200 Gäste persönlich ein. Wegen eines Wasserschadens ziehen wir um in die Kaiserpfalz. Die Veranstaltung zur Rettung des Feminismus, die wir gemeinsam für das Harzstädtchen angedacht haben, ist für Goslarer Verhältnisse mit knapp 30 Leuten gut besucht. Dort sitzen wir nun im Untergeschoss der Kaiserpfalz in einem Gewölbekeller. Es kommt mir so unwirklich vor. Es scheint eine konspirative und doch historische Veranstaltung zu sein. „Wird es später vielleicht einmal heißen ‚Hier hat es angefangen?' Hier in dem alten Harzstädtchen Goslar, zwischen prachtvoll restauriertem Renaissancefachwerk und schiefergetäfelten Fassenden begann – ja was? Die Gegenwehr der Frauen gegen den Vormarsch einer reaktionären Männerrechtsbewegung? Oder die Befreiung des Mannes aus der Knechtschaft eines retrofeministischen Matriarchats?“ (*Die Zeit*, 26.5.2011) Was immer begann – es begann eben.

Die Veranstaltung landet natürlich auch im Internet, dagegen kann man sich heute ja kaum wehren. Ich bekomme von allen möglichen Leuten Glückwünsche per E-Mail. Ich weiß nicht so recht, was da eigentlich passiert ist. Aber ich finde richtig, was ich gemacht habe. Wie gern würde ich eine Gruppe von Bürgerinnen und Bürgern in Goslar zusammenbringen, die im Dialog der Geschlechter das Gehörte mit mir diskutieren. Die Menschen, die das ähnlich sehen wie ich, scheinen allerdings bundesweit verstreut. Natürlich frage ich mich, ob ich mich nun deshalb bundesweit vernetzen soll. Es abzulehnen, halte ich für töricht. Aber ich verlagere diese Vernetzung und den Austausch überwiegend in den privaten Raum, um die dienstliche Seite damit nicht zu überfrachten.

„Diskriminierung kennt kein Geschlecht“, hatte unser Oberbürgermeister Henning Binnewies bei der Veranstaltung zur Begrüßung gesagt. Wie hatte mich das doch erleichtert und ermutigt. Die örtlichen Realitäten holen mich jedoch schnell wieder ein und auf den Teppich zurück. Denn einige der mir bereits bekannten Frauennetzwerkerinnen vor Ort hat diese Veranstaltung auf die Palme getrieben. Natürlich sitzt im Publikum auch eine kleine Abordnung jener Leute, die das Gehörte untereinander gegen mich kommunizieren. Bereits wenige Wochen später heißt es in der *Goslarschen Zeitung*, dass sich die Fraktionschefin der Grünen, Doris Juranek, verwundert die Augen reibt. Vor Jahren hätte man einen Oberstadtdirektor als Frauenbeauftragten abgelehnt und nun hätte man eine Gleichstellungsbeauftragte, die Benachteiligungen von Männern aufzeigen wolle. Ein Jahr später nennt die *GZ* dies ein unvergessenes Bonmot.

Ich werde ab sofort von einigen Frauen vor Ort als „Männerbeauftragte“ gehandelt. So formuliert es Martina Sigwarth, Vizevorsitzende des Kinderschutzbundes in Goslar, in einem Leserbrief aus jener Zeit und sie fügt hinzu, „welche allein erziehende Mutter, die um den Unterhalt für ihr Kind kämpfen muss, mag sich nach diesen Äußerungen noch an Frau Ebeling wenden?“ Ich frage mich, ob dieser Kinderschutzbund einseitig parteilich arbeitet, wo er doch *Eltern*, also Mütter und Väter, stark machen will, damit Kinder stark sind? Nicht nur die Vorsitzende, auch die stellvertretende Vorsitzende macht sich derart heftig für Frauen und gegen mich als Frau stark.

Barbara Dancs setzt mit einem eigenen Leserbrief nach. Sie ist damals die Vorsitzende der Frauenarbeitsgemeinschaft und immerhin später auch Mitinitiatorin der Initiative „Gute Gleichstellungsarbeit in Goslar“. Sie gibt in einem Leserbrief zu, als ehrenamtlich tätige Gleichstellungsbeauftragte Männer beraten zu haben, „wenn sie denn zu mir kamen.“ Dann darf ich also, denn zu mir kommen sie.

Beim Lesen solch einseitig parteilicher Zeilen sehe ich vor mir, wie der feministische Zeigefinger stramm in den Himmel ragt. Gruselig. Meine Mutter hat ihren Zeigefinger auch manchmal drohend erhoben, aber wir mussten dann doch schnell gemeinsam darüber lachen. Ihr Finger war einmal gebrochen und nicht wieder ganz richtig zusammengewachsen. Immer war er ein bisschen krumm, das nahm ihm die Schärfe. In gewissen Kreisen von Frauen, da wird der Feminismus auf eine radikale Art und Weise vertreten. Man lässt dort keine Kritik und keinen Widerspruch in der eigenen Sache zu. Das ist mir suspekt. Ich dachte immer, Feminismus sei ein Synonym für „Frauenrechte“. Wenn ich mich also für die Rechte von Frauen einsetze, dann bin ich eine Feministin. Nun stelle ich fest, dass diese einfache Sichtweise nicht stimmen kann und sie einer großen Ungenauigkeit, ja fast Beliebigkeit Platz machen muss.

In einem Fremdwörterlexikon von Gerhard Wahrig von 1974 heißt es zum Stichwort „Feminismus" noch: „Weibisches Wesen beim Mann (zu feminin)." Googelt man den Begriff Feminismus heute im Internet, dann stößt man auf jede Menge Formen des Feminismus. Der Begriff wird damit zu einem Sammelbegriff für die unterschiedlichsten Konzepte, welche die Rechte und Interessen von Frauen in den Blick nehmen. Der Feminismus will auf überaus unterschiedliche, teilweise sich widersprechende Art und Weise die Lage der Frau in der Gesellschaft verbessern. Eine Freundin meinte neulich mal: „Jede Frau hat ihren eigenen Feminismus." Auf mich wirkt das, was „Feminismus" sein kann oder soll, irgendwie wirr und keinesfalls wissenschaftlich oder gar gut durchdacht.

Viele Menschen haben sich in den Anfängen der Frauenbewegung von linksradikalen, kommunistischen und sozialistischen Ideen beeinflussen lassen, vielleicht ist das auch in die Ideen des Feminismus mit eingeflossen? Die sogenannten 68er haben ja mit allem Möglichen experimentiert. Die Mao Bibel kursierte ebenso wie Drogen, neue Musikformen, Leben in Kommunen, Kinderläden und so weiter. Man proklamierte zu jener Zeit die freie Liebe und setzte die straffreie Abtreibung von ungeborenen Kindern durch. Das war die Zeit, als Alice Schwarzer und Esther Vilar im Fernsehen diskutierten. Vilar war gerade mit ihrem Buch „Der dressierte Mann" bekannt geworden. Das Buch habe ich erst sehr viel später selbst gelesen, mir ist nur der mediale Wirbel noch im Sinn geblieben. Die Auseinandersetzung dieser beiden Frauen kann man sehr schön in einem Video auf YouTube sehen. Vilar bestand in ihrem Wortbeitrag darauf, dass es sich die Frauen zu Lasten der Männer gut gehen lassen. Das schwere Arbeitsleben der Männer führe zu deren früheren Tod, führte sie aus. Schwarzer beschimpfte Vilar als Faschistin. Immerhin, Vilar emigrierte mit ihren Eltern während der Nazizeit ins Ausland, wohl kaum, weil sie „Faschistin“ ist. Wahrscheinlich kennen Frauen der „Initiative Gute Gleichstellungsarbeit in Goslar“ diesen Vorgang, denn auch mir wird ja „rechtsnationales Gedankengut“ angeheftet.

Schwarzer hat in ihrem Leben öfter mal medialwirksame Konflikte mit Frauen heraufbeschworen. Etwa mit Verona Pooth, Charlotte Roche und auch mit Bundesministerin Kristina Schröder. So bringt man sich ins Gespräch. Schwarzer beschreibt in ihrem Buch „Lebenslauf“ (2011) die 68er aus ihrer Sicht und meint, es lagen Klassenkampf, Anarchie und Geschlechterkampf in der Luft und es sei eine Zeit des Aufbruches gewesen. Die proletarische Linke hätte mit Hilfe sogenannter „Arbeiter-Intellektuellen“ das Feuer geschürt. Sie schreibt weiter, französische Frauen proklamierten damals auf Transparenten: „Wir sind alle hysterisch“, „Wir sind alle frigide“, „Nieder mit der Macht der Macker“. Dann seien die bekannten Slogans aufgekommen: „die Definition der Frauen als Kaste“, die Parole „Das Private ist politisch“, die Analyse der Funktion des Abtreibungsverbotes, der Mythos vom vaginalen Orgasmus, der Mythos von der weiblichen Frigidität und eine ökonomische Analyse der Hausarbeit. Die junge Alice atmet auf in der Stunde Null des Feminismus: „Da sind sie also. Endlich! Die Feministinnen. Und das mit Wucht“. Und da ist auch: „Die Konstruktion von Weiblichkeit, die nicht Natur ist, sondern Kultur; der strukturelle Sexismus, der kein individuelles Problem ist, sondern ein gesellschaftliches; die im Patriarchat für Frauen repressive Funktion von Liebe und Sexualität; die Gratisarbeit der Frauen in Haushalt und Erziehung sowie der Skandal des Abtreibungsverbotes.“ Es ist für Schwarzer wie ein Rausch, wie sie wörtlich schreibt. „Wir sind keine Organisation – wir sind ein Phänomen“. So eifert sie in ihrem jüngsten Buch. Dass man Männer und Brüder kategorisch ausschließt, stört die radikalen Feministinnen weder gestern noch heute.

Schwarzer weiter: „Wir schreiben Flugblätter, singen Lieder, planen Aktionen. Wir fordern: Gleicher Lohn! Das Recht auf Abtreibung! Das Recht auf unseren Körper! Wir sind gegen das Kapital und gegen das Patriarchat. Und wir drohen mit einem Streik im Bett." (Warum will sie ihren damaligen Lebensgefährten Bruno abstrafen?) *Die* Frau existiere nicht, sie sei eine Kreation des Patriarchats mit dem Ziel, die Frauen platt zu machen, zitiert Schwarzer ein Postulat aus der französischen Frauenbewegung.

Ich war noch nicht einmal in der Pubertät, als diese Dinge geschahen. Noch jungfräulich. Noch saugte ich das vor mir liegende Leben auf. Die kritische Bewertung kommt erst mit zunehmendem Wissen und Alter und mit wachsendem Verstand. Mir scheint, bei einigen Menschen kommt die Kritik wohl nie.

Die Elterngeneration jener Jahre hatte den Kriegslärm noch im Ohr und war ja auch von einem beispiellosen Kriegsgeschehen betroffen. Noch heute, mehr als 50 Jahre nach Kriegsende, tabuisiert gerade die Frauenbefreiungsideologie mit ihrem Dogma der Friedfertigkeit der Frau (Mitscherlich 1987) die Anteile der Frau an der Entstehung und Aufrechterhaltung des Naziregimes und seinen langlebigen Auswüchsen bis in die Neuzeit. All diese Dinge könnten aber Hinweise darauf sein, warum sich eine Radikalität und ideologische Verdichtung einer gut gemeinten „Frauenbefreiung" in einem überzogenen Feminismus entwickeln konnten. Ich glaube, hier könnte es sich lohnen, einmal genauer hinzuschauen.

Mit einem radikalen Feminismus möchte ich heute nichts mehr zu tun haben. Ich halte ihn für zutiefst destruktiv, für die Frauen, die sich ihm verschrieben haben, ebenso wie für unsere Gesellschaft. Sich für Frauenrechte einzusetzen muss nicht bedeuten „Feministin" zu sein! Für mich ist das heute wie zwei verschiedene Paar Schuhe.

Beate Kricheldorf schreibt in ihrem Buch „Verantwortung – Nein Danke! Weibliche Opferhaltung als Strategie und Taktik" (2009): „Der Aufwand, den Feministinnen betrieben haben, steht in keinem Verhältnis zu dem, was sie erreicht haben". Die Hauptaufgabe des Feminismus formuliert sie als „ein einziges großes und endloses Klagen und Fordern". Aus einem solchen Opferstatus ließe sich jedoch keine Identität, innere Stärke oder Selbstbewusstsein ziehen. Kricheldorf findet, Frauen würden Männer gerade so behandeln, wie es ihnen passen würde, aber nicht wie Menschen, die Verständnis, Achtung oder gar Liebe verdient hätten. „Dadurch dass sie (die Frauen) sich moralisch überlegen fühlen und als die besseren Menschen deklarieren, missachten und erniedrigen sie die Männer". Der Feminismus sei weibliche Selbstentmündigung, so Kricheldorf.

In den vergangenen Jahren habe ich viele dem Feminismus gegenüber kritische Menschen kennengelernt. Ich habe festgestellt, dass solche Frauen und Männer für ihre kritischen Aussagen verächtlich gemacht werden. Gerade linke und linksfeministische Kreise vollbringen in der Herabwürdigung dieser Kritiker geradezu Glanzleistungen. Manchmal verlieren Menschen, die sich für eine neue Sicht der Gleichstellungspolitik einsetzen, ihre Reputation. Selbst dann, wenn sie ihre Kritik vernünftig argumentieren, sich an Recht und Gesetz und an wissenschaftliche Standards halten. Selbst, wenn die Kritik belegbare Daten und wissenschaftliche Studien vorweisen. Ich habe ein sehr großes Interesse linker und linksfeministischer Kreise ausgemacht, an der feministischen und feministisch-radikalen Ideologie festzuhalten. Warum eigentlich?

Ich finde es richtig, dem Feminismus zumindest in der Diskussion einmal ein „Anti" vorauszustellen. Man wird sehen, wohin das führt. Es ist doch gute dialektische Tradition, der These eine Antithese entgegenzustellen und zu schauen, zu welcher Synthese, welchem Kompromiss diese Auseinandersetzung führen wird. Der Feminismus ist für mich kein Sakrileg, das man entweiht, wenn man sich kritisch damit auseinandersetzt.

Ich möchte gern die sogenannten „Rechte der Frauen“ vom Feminismus abkoppeln. Dadurch werden Frauenrechte wieder bodenständig und sie bekommen eine Bedeutung für viele Frauen und nicht nur für eine organisierte weibliche Elite, die manchmal irgendwie abgehoben diskutiert. Es geht doch bei den Frauenrechten nicht nur um Quotenfrauen in Vorstandsetagen. Die einfachen Frauen müssen Verbesserungen verspüren, da sehe ich frauenpolitischen und männerpolitischen, also gleichstellungspolitischen Handlungsbedarf. Ich möchte diese Bereiche nicht mehr voneinander trennen.

Die Frauenrechte sind Menschenrechte und können in ähnlicher Form auch auf Männer und Kinder bezogen werden. Kein Mensch soll diskriminiert werden. Es ist nicht nötig, ein Geschlecht besonders hervorzuheben, es ist womöglich sogar kontraproduktiv, einseitig auf das weibliche Geschlecht zu fokussieren. Man schließt damit auch alles aus, was sich womöglich jenseits von männlichen und weiblichen Rollenstereotypen befindet.

Es geht doch heute nicht mehr darum, einen unnötigen Geschlechterkampf mit radikalfeministischen Mitteln weiter zu befeuern. Vielmehr müssen wir uns um eine Befriedung der Geschlechterverhältnisse bemühen. Wir müssen zur Kenntnis nehmen, dass Diskriminierung universell und keine Frage des Geschlechtes ist. Zur Diskriminierung braucht es jemanden, der eine Überheblichkeit und Überlegenheit an den Tag legt und diese gegen Einzelne oder eine Gruppe ausspielt. Es braucht jemanden, der Doppelstandards einführt und es womöglich schafft, diese politisch und rechtlich zu legitimieren.

Wer erkennt, wann ein Mensch herabgewürdigt und schlecht gemacht wird und sich genau in diesem Moment der Diskriminierung auf die Seite des Schwächeren stellt, handelt menschlich. Dieser Zuwachs an Menschlichkeit und Nächstenliebe in der Geschlechterfrage ließe hoffen, dass der Kampf der Geschlechter nicht durch die Kapitulation eines Geschlechtes, sondern einvernehmlich befriedet werden könnte. Diskriminierung kann einen Menschen an Leib und Seele krank und sein Leben schwer machen. Der diskriminierte Mensch braucht unabhängig seines Geschlechtes unsere Unterstützung. Er benötigt die staatliche aber auch die persönliche Hilfe. Er braucht das emanzipierte Vorbild im eigenen Geschlecht, ein Netzwerk und eine Lobby, in der er sich sicher fühlen kann. Uns Frauen tat das alles jedenfalls sehr gut. Für den Erfolg einer solchen gemeinschaftlichen Strategie braucht es männerkooperative Frauen und eine Frauenbewegung, die eine Männerbewegung willkommen heißt und als gleichwertig akzeptiert. Es braucht Frauen und Männer, die im jeweils anderen Geschlecht nicht den Feind, sondern den Freund, den Bruder oder die Schwester sehen.

Gleichstellungspolitik, die in der Vergangenheit weitgehend Frauenpolitik war, hat sich mehrerer für Frauen einseitig parteilicher Grundannahmen bedient. Man ging von einer Geschlechterhierarchie zwischen Mann und Frau aus. Es wurde die Frage der Schuld des Mannes in die Debatte um die Gleichstellung von Mann und Frau implementiert. Auch pflegte man jahrzehntelang ein Täter-Opfer-Schema zu Ungunsten des Mannes. Es scheint der Zeitpunkt gekommen, sich von diesen Grundannahmen trennen zu können.

Wenn ich den für mich sichtbaren Schaden zusammenrechne, welcher durch „Radikal- und Banalfeminismus“ (Walter Hollstein, Was vom Manne übrig blieb, 2008) angerichtet wird, dann kann ich meine Hände nicht in den Schoß legen und Socken stricken. Ich stricke natürlich trotzdem Socken, meine Enkel sollen warme Füße haben. Aber ich muss einfach mit anderen Menschen darüber reden. Und wenn man erst einmal anfängt, mit anderen Menschen darüber zu reden, dann hört man zahllose Beispiele von Männern und Frauen aus allen Lebenslagen, aus jeder sozialen Schicht, die sich als Opfer der einseitigen Parteilichkeit erleben oder diese mittlerweile als eine überholte, voreilige Geste der Nachkriegsjahre halten.

Man merkt schnell, wie viele Menschen um einen herum den Geschlechterkampf und die einseitige Parteilichkeit für Frauen mittlerweile ablehnen. Wir sollten den Teufel nicht mit dem Beelzebub austreiben! Das Matriarchat ist genauso eine Unterdrückungsideologie, wie es das Patriarchat war. Nutzen wir doch die Chance für etwas Neues. Ich hege die Hoffnung, dass meine Geschichte in diesem Sinne förderlich sein könnte.

2. Gleichberechtigung: Männer

Wie ich zur „Männerversteherin" wurde

Meine dienstlichen Arbeitsinhalte ergeben sich aus den gesetzlichen Vorgaben und sie ergeben sich aus den Anliegen der Menschen, die sich an mich wenden. Das Väter- und Männerthema habe ich mir nicht selbst ausgesucht, es ist auf mich zugekommen. Mit hoher Betroffenheit und einer guten Portion Ärger, Enttäuschung und Hilflosigkeit stand es eines Tages in meiner Tür. Es blieb nicht bei diesem einen Mann, der den Eindruck hat, dass die ungerechte Behandlung ihm gegenüber auf sein Geschlecht und nicht auf die Sachverhalte zurückzuführen ist.

Männer und Frauen sind durch meine Pressearbeit auf mich aufmerksam geworden. Angefangen hat es mit dem Pressebericht über die Aktion mit den „Blauen Weihnachtsmännern" wenige Monate nach meinem Amtsantritt als Gleichstellungsbeauftragte. Danach erhalte ich bereits erste Anrufe von Menschen aus weit entfernten Städten und Gemeinden. Ich habe keine Veranlassung gesehen, mit diesen Anrufern nicht zu sprechen. Im Gegenteil haben mir die Gespräche und Kontakte einen Zuwachs an Wissen und weitere Erkenntnisse für die Gleichstellungsarbeit gebracht. Ich habe mich als Gleichstellungsbeauftragte von Anfang an bemüht, Männer und Frauen ausgewogen zu berücksichtigen und zu benennen. Daraus habe ich kein Geheimnis gemacht. Als es aber konkret wurde und bei mir nicht bei Lippenbekenntnissen blieb, da gab es den ersten Ärger.

Meine Aufgabe als Gleichstellungsbeauftragte habe ich nicht darin gesehen, mich ausschließlich frauenpolitisch um Anliegen von Frauen zu kümmern. Aktivitäten für Frauen und Aktivitäten für Männer waren mir ein Anliegen. Darin kann ich auch heute noch nichts Verwerfliches erkennen. Für einige Frauen in Goslar, die sich auf der Homepage der Grünen in Goslar selbst als „Retrofeministen" bezeichnen, war mein Engagement für Männeranliegen aber der falsche Arbeitsansatz.

Meine, auch für eine Gleichstellungsbeauftragte wohl ungewöhnlich offene Haltung Jungen, Männern und Vätern gegenüber sprach sich also schnell herum, nicht nur regional. Nur in wenigen Fällen habe ich Männer über einen längeren Zeitraum beraten. Ganz nebenbei gesagt: Ich habe immer auch Frauen beraten. Wenn Leserbriefschreiberinnen oder Frauen der „Initiative Gute Gleichstellungsarbeit" behaupten, es würde sich keine Frau mehr an mich wenden, weil ich mich auch für Männeranliegen stark mache, dann ist das schlicht aus der Luft gegriffen. Evaluiert ist das nicht. Selbstverständlich erledige ich als Gleichstellungsbeauftragte weiterhin all die Dinge, die viele andere Gleichstellungsbeauftragte mehr oder weniger auch tun. Ich nehme teil an den Vorstellungsgesprächen, zu denen mein Arbeitgeber einlädt. Das Thema „Gleichstellung" bringe ich auf die Tagesordnung der Führungskräfte, dadurch kann ich diesen regelmäßig aus meinem Arbeitsalltag als Gleichstellungsbeauftragte berichten. Bei Betriebsversammlungen bin ich anwesend und berichte ebenfalls über meine Arbeit. In einem Arbeitskreis „Gender" erarbeite ich gemeinsam mit Kolleginnen und Kollegen ein Genderleitbild und später noch ein Familienleitbild für die Stadt. Es ist mir ein Anliegen, Ausschusssitzungen zu besuchen, um die Entscheidungsprozesse, wenn nötig möglichst früh, beeinflussen zu können. Die gesamte Ratspost geht über meinen Schreibtisch. Da schaue ich in den Anträgen und Vorlagen, ob Frauen oder Männer nachteilig betroffen sein könnten.

Im Grunde finde ich, dass jede Führungskraft Ideen zur Gleichstellung von Mann und Frau haben muss und sich diese in ihren Entscheidungen niederschlagen muss. Auch Politiker sollten hier eine „Grundausbildung“ mitbringen. Das könnte man eigentlich verlangen, nach 40 Jahren Frauenbewegung und einschlägiger Gesetzgebung.

Vor Ort konnte ich mich mit einigen Männern treffen und sie beraten. Das waren überwiegend Väter, die große Probleme hatten. Ich habe auch einen Mann beraten, dessen Frau ins Frauenhaus gegangen war. Dass ich scheinbar gewalttätige Männer unterstützte und berate, wurde mir von der „Initiative gute Gleichstellungsarbeit“ sehr übel genommen. „Huwald Poppe, die einen dieser verlassenen Väter durch ihre Arbeit für den Kinderschutzbund kannte, horchte auf: Seine Frau war vor ihm ins Goslarer Frauenhaus geflüchtet. ‚Wir dachten, das kann ja nicht sein‘, sagt sie.“ (*Brand Eins* 08/11) und meint damit, dass ich Kontakt mit diesem Mann habe und ihm auch fachlich und menschlich noch behilflich sein möchte.

Welche Haltung gegenüber Frauen und Männern und in der Geschlechterthematik verbirgt sich hinter einer solchen Aussage einer Kinderschützerin? Man kann ahnen, dass ein so beschuldigter Mann, sollte er begleiteten Umgang beim Kinderschutzbund gehabt haben, dort womöglich nicht willkommen war.

Ich finde es als Fachfrau und Gleichstellungsbeauftragte nicht problematisch, Männer oder Väter zu unterstützen und zu beraten, in deren Familien häusliche Gewalt ein Thema ist. Einer Frau stehen auf der anderen Seite ja sogar zahlreiche Fürsprecher und Berater zur Seite, und sie kann sich deren Hilfe sicher sein. Das ist in diesen Kontexten die Regel. Viel für die Frau, wenig für den Mann. Mancher Mann allerdings beteuerte mir gegenüber nie die Hand gegen seine Frau erhoben zu haben. Er steht dennoch allein da, in der Defensive und mit sehr schlechten Karten in der Hand. Hätte ich solche Männer wegschicken sollen? Vielleicht hätten das andere Fachleute oder Gleichstellungsbeauftragte gemacht. Zu mir passt es nicht, einen Hilfe suchenden Menschen abzuweisen. Als Familientherapeutin fühle ich mich in der Lage, eine von häuslicher Gewalt betroffene Familie zu beraten. Als Gleichstellungsbeauftragte möchte ich mich der Thematik mit großer Ausgewogenheit und in alle Richtungen offen nähern.

Es sind nicht viele Männer gewesen, die ich in meiner Dienstzeit beraten und unterstützt habe, aber es hat gereicht, um einen guten Einblick in die Belange von Männern zu bekommen. Es hat auch gereicht, um mich aus dem Amt zu jagen.

Ich fand es wirklich tragisch, dass um diese wenigen Arbeitsstunden, die ich in Männer investierte, so ein Bohei, so ein unnötiges Aufheben gemacht wurde. 100 % Engagement für Frauen wird begrüßt und ein paar Prozent Einsatz für Männer abgelehnt? Da ist etwas faul im Staate Dänemark, würde der Volksmund sagen.

Aber es haben natürlich nicht nur Männer bei mir angerufen, sondern auch und überwiegend Frauen. Manchmal ging es diesen Frauen um ihr eigenes, sozusagen frauentypisches Anliegen, manchmal waren sie aber auch in Sorge um ihre männlichen Familienangehörigen. Es waren Schwestern, Mütter, Großmütter aber auch Fachfrauen und Gleichstellungskolleginnen, mit denen ich sprach. Ich habe durch diese Gespräche mit vielen Frauen den Eindruck bekommen, dass es mehr Männer und Frauen gibt, die ein offenes Ohr für die Anliegen von Männern haben und zu helfen bemüht sind, als solche, die etwas gegen Männer haben. Sehr viele Menschen in unserer Gesellschaft denken in diesen Zusammenhängen ausgewogen, das muss sich auch in zeitgemäßer Gleichstellungsarbeit niederschlagen, sie darf nicht einseitig für Frauen polarisieren. Gerade die positiven Gespräche mit Frauen haben mich in meinem Denken und Handeln für Männer weiter bestärkt.

Während meiner Zeit als Gleichstellungsbeauftragte bin ich auch deshalb sensibel für die Anliegen der Männer geworden, weil ich einschlägige Bücher gelesen habe und ebensolche Fachtagungen besuchte. Mir war es wichtig, zu der bisherigen einseitigen Parteilichkeit in dem Amt der Gleichstellungsbeauftragten ein ausgleichendes Gegengewicht herstellen zu können. Als Gleichstellungsbeauftragte wird man ja quasi von den Frauennetzwerken okkupiert. Diese kleinen Frauengruppen wissen genau, wie man sich als Gleichstellungsbeauftragte zu verhalten hat und was die Arbeitsinhalte dieses Amtes sein müssen. Dieser kleinen, für Frauen einseitig parteilichen Gruppe von Frauen fühlte ich mich aber nicht verpflichtet, sondern allen Bürgerinnen und Bürgern der Stadt. Mir waren der Ausgleich und die verschiedenen Blickwinkel in Fragen der Gleichstellung von Mann und Frau wichtig, auch deshalb habe ich mich nach aktiven Männern und Männergruppen umgeschaut. So war ich zum Beispiel auf Fachtagungen in Berlin, in Hannover und in Köln, in denen es um mehr „Männer in Kitas" ging. Diese mittlerweile bundesweite Initiative habe ich als Gleichstellungsbeauftragte und Kita-Leitung sofort unterstützt, als ich davon hörte. In meiner Kita arbeitet aufgrund meines Engagements seit einigen Jahren immer ein Erzieher mit. Kinder, Eltern und Kolleginnen erleben diese Fachmänner als eine Bereicherung. In dieser Sache konnte ich mich sogar auf einen Beschluss aus einer Konferenz der Frauen- und Gleichstellungsminister und -ministerinnen, -senatoren und -senatorinnen berufen.

Ich habe auch eine Fachtagung „Männlichkeiten in Bewegung" und eine andere mit dem Titel „Jungen, die schwachen Starken" besucht, beides bei der Böll Stiftung in Berlin. Auch auf dem Männerkongress 2010 in Düsseldorf mit dem Titel „Neue Männer muss das sein?" bin ich gewesen. Ich hatte einfach Wissensdurst. Was ich las und auf den Veranstaltungen hörte und erlebte, hat mich natürlich für die Seite der Männer sensibilisiert und mir auch neue Argumente geliefert. Für mich sind diese Veranstaltungen und Kontakte zu Männern eine intellektuelle und menschliche Bereicherung gewesen, die ich nicht missen möchte. Auf diesen Veranstaltungen habe ich sehr nette und kritisch reflektierende Männer kennengelernt, mit denen es sich zu diskutieren lohnt. Diese Männer gehörten unterschiedlichen Männergruppen und Männervereinen an, manche waren Fachleute oder Berufskollegen, andere waren aus persönlicher Betroffenheit da und an den Themen interessiert. Ich hatte zu dem Zeitpunkt noch keinen Überblick darüber, wie diese Gruppen oder Einzelpersonen politisch einzuordnen sind. Es verblüffte mich einfach, entgegen der öffentlichen Wahrnehmung, doch so rege Männernetzwerke kennenzulernen. Interessant fand ich auch, dass diese Männer Frauen nicht ausschließen. Vielleicht versteckt sich hier die Männerbewegung, dachte ich und war eine interessierte Beobachterin dessen, was sich auf diesen Veranstaltungen tat.

Ich habe bei meinen Recherchen in den Männerkreisen auch wahrgenommen, dass Männer von Männern in „gute" und „böse" Männer eingeteilt werden. Man könnte auch von politisch korrekten und politisch unkorrekten Männern sprechen. „Gut" sind jene, die die Frauenrechte und den Feminismus anerkennend mit einem Diener begrüßen. „Böse" sind diejenigen, die kritisch diskutieren wollen und die Frauenrechte und den Feminismus deutlich hinterfragen. So interpretiere ich meine gewonnenen Eindrücke. Oft war ich eine von wenigen Frauen in diesen Veranstaltungen und Gruppen, aber das hat mir nichts ausgemacht. Heute weiß ich viel über Männeranliegen und ich habe wirklich umfängliche, bundesweite Kontakte, auf die ich zurückgreifen kann und von denen ich informiert und angefragt werde.

Natürlich war ich auch auf Veranstaltungen, in denen es einseitig parteilich für Frauen zuging. Nachhilfe brauche ich bei den Frauenthemen aber nun wirklich nicht. Die Anliegen der

Frauen sind mir seit Jahrzehnten vertraut. Nicht umsonst war ich eine Zeit lang *Emma*-Leserin, und ich habe politische, private und christliche Frauengruppen und Mütterkreise geleitet oder an ihnen teilgenommen. Die einschlägige, sogenannte Frauenliteratur ist mir vertraut und sehr gern habe ich in der Vergangenheit auch Frauenschicksale literarisch verfolgt.

Ich war also zum Beispiel auf der Bundeskonferenz der Frauen- und Gleichstellungsbeauftragten in Wuppertal, auf Landeskonferenzen in Niedersachsen, in Workshops und auf Fachtagungen zu Gleichstellungsfragen, die von meinen Kolleginnen vorbereitet und durchgeführt wurden. Männer waren dort rar oder unerwünscht, ich finde das falsch. Wir sollten miteinander statt übereinander reden. Einseitig parteiliche Monologe bringen die Gleichstellung von Mann und Frau nicht voran.

Einmal bin ich im Europäischen Haus in Berlin. Ich möchte mich über die EU Strategie zur Gleichstellung informieren. Es sitzt auch ein Vertreter des *Bundesforums Männer* auf dem Podium. Das Bundesforum ist erst wenige Monate alt und stellt sich hier dem überwiegend weiblichen Publikum vor. Die Vertreterin des deutschen Frauenrats begrüßt es, nun endlich einen männlichen Gesprächspartner auf Augenhöhe zu haben. Ich frage mich, ob es wirklich „Augenhöhe" ist, wenn man vielleicht nur möchte, dass der andere die eigenen Ideale teilt?

Der Mann hält einen schönen Vortrag, wie ich finde, und er benennt mutig männliche Diskriminierungen und männliche Gleichstellungsbedürfnisse. Allerdings kommt es zu einigem Rumoren im Saal, als er diese Dinge ausspricht. Ein paar Reihen vor mir, leicht rechts, lacht eine Frau, als der Vertreter des *Bundesforums Männer* über Benachteiligungen von Männern spricht. Dieses Lachen und ein Unverständnis für die Diskriminierung von Männern habe ich einige Male in den einschlägigen Veranstaltungen wahrgenommen. Eine andere Frau steht auf, outet sich als Grüne Politikerin und wirft dem Redner nach dem Vortrag so etwas vor wie: „Warum sind Männer nicht schon längst aktiv geworden, wir warten ja schon so lange auf euren Beitrag zur Gleichstellung von Mann und Frau." Wie das dann aus dieser politischen Ecke heraus aussehen soll, weiß sie sicher auch: Womöglich steht ein „guter" Mann mit Birkenstocklatschen und Strickpullover in der Küche. Das Baby hat er im Tragebeutel vor den Bauch geschnallt während er staubsaugt. Er kauft ökologisch einwandfrei ein und kocht vegetarisch, während seine Frau, Dr. Eva Schmidt-Gehrke, in der Vorstandsetage Geld verdient und ihm sein Haushaltsgeld zuteilt. Er hat nach der Babypause Wiedereinstiegsprobleme im Beruf, verdient im Minijob und versaut sich damit seine Rente und macht alles genauso, wie es zahllose Mütter vor ihm bereits taten.

Ich formuliere hier etwas übertrieben, um zu zeigen, dass man den Spieß doch nicht einfach umdrehen kann. Den Mann in die gleichen Nachteile zu drängen, aus denen man sich selbst befreien möchte, kann aus meiner Sicht nicht die Lösung sein. Mir riechen manche Forderungen von Frauenrechtlerinnen an Männer zu sehr nach Rache.

In der deutschen Gleichstellungspolitik fehlt es aus meiner Sicht noch deutlich an gleichstellungspolitischen Innovationen und Ideen, welche die Interessen von Kindern, Frauen und Männer, annähernd gleich berücksichtigen. Deshalb halte ich eine offene Debatte, die nicht nur die allgegenwärtigen, stereotypen und einseitig parteilichen Argumente liefert, für dringend erforderlich. Wir müssen unterschiedliche gleichstellungspolitische Standpunkte und verschiedene Sichtweisen in der Geschlechterdebatte zulassen, um die derzeitige ideologische Starre überwinden zu können und nicht weiter in einseitige Ideologie zu versinken. Wir müssen uns in der Geschlechterdebatte unzensiert und frei äußern dürfen.

Männer können qua Geschlecht diskriminiert werden, daran gibt es für mich keinen Zweifel. In einigen Bereichen könnte man teilweise sogar von einer systematischen und systemimmanenten Diskriminierung von Männern sprechen. Das ist doch bei Frauen ähnlich. Im Bereich der Bildung von Jungen, bei Trennung und Scheidung und in der sogenannten Väterfrage habe ich gravierende Benachteiligungen von Männern ausgemacht. So beklagen es auch Männer- und Väterorganisationen und ich kann das anhand der Erfahrungsberichte vieler Männer ebenfalls bestätigen.

Die Diskriminierung von Männern ist nicht weniger umfänglich als jene, die wir bei Frauen ausmachen. Bei Männern ist es eben oft die andere Seite der „Diskriminierungsmedaille". Wenn zum Beispiel 95 % der Alleinerziehenden Frauen sind, dann heißt das wahrscheinlich auch, dass 95 % der Männer ihr Vatersein auf finanzielle Leistungen und geringem Umgang mit dem Kind reduziert leben. Vielleicht wollen das viele dieser Väter aber gar nicht, sie haben aber womöglich keine Wahl. Vielleicht, weil sie Haupternährer der Familie waren und sind? Vielleicht auch, weil Jugendamt und Gericht ihnen die Option, mit dem Kind zu Hause zu bleiben gar nicht anbieten? Vielleicht, weil die Arbeitgeber auf diese Männer nicht verzichten wollen und sie nach einer Elternphase die gleichen Wiedereinstiegsprobleme haben werden wie die Mütter? Vielleicht haben sich auch viele dieser nun alleinerziehenden Frauen zielgenau gerade dann mit dem Gedanken einer Trennung beschäftigt, als die Schwangerschaft feststand?

Ist es nicht spannend, solche Fragen aufzuwerfen? Man merkt, dass die ganze Sache komplexer und vielfältiger ist, als es oft dargestellt wird.

Wenn Frauen sehr häufig einen besser verdienenden Mann zum Partner nehmen, dann wird er in der „Ernährerfalle" sitzen und sie wird die Elternzeit nehmen und eine Zeit lang zu Hause bleiben, wenn ein Kind kommt. Ökonomische Erwägungen sind wohl für die meisten Eltern ausschlaggebend, wenn sich die Geburt eines Kindes ankündigt. Warum aber wählen Frauen nicht deutlich häufiger einen Mann, der weniger verdient als sie selbst? In diesem Falle wäre schon rein rechnerisch der Mann derjenige, der zu Hause bleiben könnte. In einem solchen Fall würde, ganz nebenbei, auch für neue Rollenvorbilder gesorgt.

Es liegt doch auf der Hand, dass biologische Väter leider kein Wort mitzureden haben, wenn die werdende Mutter allein entscheiden kann, ob sie eine Abtreibung vornehmen lassen will oder nicht. Bislang finden es die wenigsten Menschen problematisch, wenn der Vater in dieser Fragestellung ausgeschlossen bleibt. Es hieß ja in der Frauenbewegung der 1970er, als diese die Abtreibung durchsetzen konnte, „Mein Bauch gehört mir!“ Vielleicht würde aber der eine oder andere Mann gern ein Wort mitreden, schließlich ist es ja auch „sein“ Kind, das dort im Mutterleib wächst. Man stelle sich einmal vor, der werdende Vater würde das Kind gern behalten und großziehen wollen, aber sie will es abtreiben und spricht mit ihm nicht einmal darüber. Ist das nicht schade? Wenn die Frau sich nicht in der Lage sieht für ein Kind zu sorgen, oder eines mit möglicher Behinderung großzuziehen, dann muss das längst nicht für den Vater gelten.

Männer an diesen und ähnlichen Fragen bezüglich eines (un-)geborenen Kindes zu beteiligen, dürfte nach heutigen Maßstäben eigentlich nicht mehr revolutionär sein. Dem Wunsch des Vaters für „sein“ Kind sorgen zu wollen, müsste so selbstverständlich gefolgt werden, wie es auf der Seite der Frauen Usus ist. Klingt das utopisch? Konsequent argumentiert scheint es mir jedenfalls. Väter sollten von Anfang an die gleichen Rechte und Pflichten wie Mütter haben. Es wäre ignorant von Gleichstellungsbeauftragten, wenn sie die Diskriminierung von Männern kategorisch ausschließen würde obwohl sie die Diskriminierung von Frauen vehement bekämpfen. Diskriminierung kennt kein Geschlecht, sondern Menschen. Ich glaube sogar, dass Gleichstellungsbeauftragte gesetzlich verpflichtet sind, auch die Diskriminierung von Männern aufzuzeigen und Gegenmaßnahmen zu treffen. So interpretiere ich jedenfalls die Gesetzeslage. Eine Gleichstellungsbeauftragte sollte auch die gesellschaftlich aktuellen Strömungen in der Gleichstellungsthematik aufnehmen und diese Inhalte Bürgerinnen und Bürgern verständlich machen.

Bestandsanalyse

2010 ist der erste Männergesundheitsbericht erschienen. Ein Pilotbericht der Stiftung Männergesundheit in Berlin. Mich hat es nachdenklich gemacht, als ich las, dass Männer rund sechs Jahre früher sterben als Frauen. Ich stelle mir vor, ich führe als hochbetagte Frau ein Leben, in dem ich es fast ausschließlich mit Frauen zu tun habe, weil die meisten Männer bereits verstorben sind. Ich treffe auf Frauen, mit denen ich meinen Lebensalltag verbringe, und auf Frauen, die mich pflegen und betreuen. Wenn ich dann keines oder nur ein Kind hatte, kann es in den letzten Jahren meines Lebens sehr einsam werden. Womöglich ist dieses Kind Akademiker/in, dann sinkt die Wahrscheinlichkeit auf ein Enkelkind dramatisch. Familienbande sind in Zukunft rar.

Wenn Männer also durchschnittlich 6 Jahre früher sterben als Frauen, dann sind Frauen im Alter eben häufiger allein. Für jene, die es erstrebenswert finden; in matriarchalen und frauendominierten Strukturen zu leben, ist das vielleicht die Erfüllung eines Traumes. Ich gehöre nicht zu dieser Gattung Mensch und würde es wirklich schätzen, wenn mein Ehemann möglichst genauso lange leben würde wie ich. Wenn wir durch einen Männergesundheitsbericht erfahren, dass Männer fast doppelt so oft unter chronischen Erkrankungen leiden wie das andere Geschlecht, dann gibt es da doch eindeutig einen Handlungsbedarf. Mir scheint, wir haben zu lange müde abgewunken, wenn wir hörten, dass Männer zum Beispiel deutlich an ihre körperlichen und seelischen Grenzen gehen. Vielleicht dachten wir Frauen sogar: „Selbst schuld! Typisch Mann! Testosteron gesteuert! Warum müssen die Kerle das Schicksal aber auch immer so herausfordern?“ Zu glauben, wer zu viel riskiert, muss eben auch die Konsequenzen tragen, erscheint mir zu simpel. Es werden bei Männern beispielsweise 74,3 % tödliche Wegeunfälle gemeldet. Sind diese risikofreudigen Männer lebensmüde? Oder sind sie überlastet? Man muss doch genauer nachfragen und dann Maßnahmen ergreifen, damit diese Leben erhalten bleiben. Viele Männer gehen beruflich große Gesundheitsrisiken ein und verdienen damit auch den Lebensunterhalt für Frau und Kind. So ist es zum Beispiel bei der Berufsfeuerwehr, den Industriekletterern, Dachdeckern oder dergleichen Arbeitsplätzen.

Im Männergesundheitsbericht heißt es auch, dass nicht erfüllbare Leitbilder und mangelnde Work-Life-Balance die Gesundheit der Männer belasten würden. Nur 8,6 % der Männer arbeiten in Teilzeit, demgegenüber arbeiten aber überproportional viele Frauen in Teilzeit und im Minijob. Nun kann man beklagen, dass so viele Frauen in Teilzeit arbeiten, und sich dafür einsetzen, dass Frauen endlich auch Vollzeit plus Überstunden arbeiten können. Man kann aber auch beklagen, dass sich so viele Männer von ihrem Beruf ausbeuten lassen, dabei ihre Gesundheit und ein erfreuliches Familienleben aufs Spiel setzen und kaum eigene Freizeit haben. Vielleicht trifft man sich in der Mitte?

Einseitige Parteilichkeit für Frauen fokussiert auf die Frauenseite. Eine Gleichstellungsbeauftragte wird sich aber zusätzlich auch in die Lebenswelt der Männer hineindenken müssen. Sie wird Fragen stellen, die helfen, die Diskriminierung auch aufgrund des männlichen Geschlechtes zu identifizieren. Das ist zeitgemäß und hilft Verständnis für die jeweils andere Situation zu gewinnen.

Die Pille hat die Frau befreit, heißt es. Die Pille für den Mann gibt es noch nicht zu kaufen, in geheimen Schubladen soll sie schon ihr Dasein fristen. Obwohl die Pille für den Mann diesen wahrscheinlich ähnlich „befreien“ würde, wie wir es der Pille für die Frau immer zuschreiben, wird sie zurückgehalten. Schade. Stattdessen hat die Pharmaindustrie kleine blaue Wunderpillen auf den Markt geworfen. Der Gebrauch von Viagra dient aber längst nicht nur der Behebung der erektilen Dysfunktion älterer Männer. Bereits junge Männer greifen auf dieses Medikament zurück. Vielleicht, um über Versagensängste und ein mangelndes Selbstwertgefühl hinwegzukommen? Viele Jungen und Männer sind heute zutiefst verunsichert. Sie sehen zu, wie Mädchen und Frauen eloquent und zielorientiert an ihnen vorbeirauschen und scheinbar genau wissen was sie wollen. Selbstbewusstsein und Emanzipation sollten aber keine Frage des Geschlechts sein. Auch Jungen und Männern steht das gut.

Die Suizidraten bei Jungen und Männern liegen weit über denen der Mädchen und Frauen. Wir könnten einmal darüber nachdenken, warum Jungen und Männern ihr Leben so häufig nicht mehr lebenswert erscheint. Woran verzweifelt der Junge, womit hadert der Mann? Was macht Jungen und Männern das Leben unerträglich schwer? Im Falle hoher weiblicher Suizidraten würden wir uns solche Fragen stellen und wir würden uns veranlasst sehen, Öffentlichkeit herzustellen und Gegenmaßnamen zu treffen. Das war vor kurzem der Fall, als es um hohe Suizidraten bei zwangsverheirateten Frauen mit Migrationshintergrund ging. Da war der Aufschrei und der (frauen-)politische Einsatz berechtigterweise groß. Es sollte aber auch einen Aufschrei geben, wenn es um hohe Suizidraten bei Männern geht! Wenn diese männlichen Todesfälle jedoch weder der Öffentlichkeit noch der Politik entsprechend ins Auge fallen, dann ist das eine eklatante Diskriminierung von Männern.

Männerkrankheiten sind noch weitgehend tabuisiert. Eine bundesweite Kampagne zur Prävention und Aufklärung von Prostatakrebs könnte ein gutes Pendant für die bundesweite Kampagne zur Prävention und Aufklärung von Brustkrebs sein. Soweit ich das als medizinischer Laie überblicken kann, könnten diese beiden Erkrankungen gleichrangig gesehen werden. Prostatakrebs tritt zunehmend auf und betrifft oft sehr junge Männer. Könnten wir uns vorstellen, für eine solche Kampagne Steuermittel zur Verfügung zu stellen und sie ähnlich werbewirksam und Männer zugewandt aufzulegen, wie es bei den Kampagnen gegen Brustkrebs der Fall ist?

Viel zu häufig wird auf Männergesundheit allein aus kommerzieller Sicht geschaut, viel zu oft verstellt dabei Geschlechterblindheit den Blick, heißt es im Männergesundheitsbericht.

Mit Recht sind es Männer leid, pauschal mit Grobschlächtigkeit, Gefühlskälte, Gewalt und dem Wunsch nach Herabwürdigung der Frau in Verbindung gebracht zu werden. Sie wollen nicht länger so einfach auf das böse und hässliche Gesicht unserer Gesellschaft reduziert werden können. Das ist ein legitimer Wunsch. Demgegenüber wäre es vermessen, die Frau als den „besseren Menschen" darzustellen und ihre Friedfertigkeit zu preisen. Es geht in der Geschlechterfrage doch nicht darum, auf die eine oder andere Weise ein Geschlecht über das andere zu erheben.

Männer – und Frauen, sehen mit Sorge auf den Lebenslauf ihrer Jungen. Der plötzliche Kindstod trifft überwiegend männliche Säuglinge. Jungen verunfallen im Kindesalter sehr häufig, sie hinken mit manchen Entwicklungsschritten den Mädchen hinterher. Sie haben schlechtere Bildungsabschlüsse und werden häufiger kriminell. Warum ist das bei den Jungen so und was kann man dagegen tun? Wo könnten Defizite im Umfeld dieser Jungen liegen? Was macht es Jungen schwer, sich gesund und glücklich zu entwickeln? Woran scheitern sie im Bildungssystem und im Verlauf ihres Erwachsenwerdens? Jungen haben Probleme, aber sie sind nicht das Problem. Es gibt keinen Grund, die Probleme der Mädchen gegen die der Jungen aufzurechnen. Das sind Kinder und ihnen muss von Erwachsenen und Fachleuten geholfen werden. Nicht aufgrund ihres Geschlechts, sondern weil sie Kinder sind.

Viele Jungen werden mit Psychopharmaka wie zum Beispiel Ritalin ruhig gestellt. Solche Medikamente fallen unter das Betäubungsmittelgesetz. Es sind also Drogen. Neulich war ich zufällig einmal in einem Schulsekretariat, als ein männlicher Jugendlicher hereinkam. Er klagte über Schwindel und Übelkeit, er sagte, er hätte ADHS (Aufmerksamkeitsdefizitsyndrom) und würde dagegen Medizin bekommen. Das seien die Nebenwirkungen, er müsse sich mal etwas hinlegen, dann würde es schon bald wieder gehen. Ich finde es schlimm, wie sich diese Diagnose und solche Medikamente vieler Kinderleben bemächtigen und sie beeinträchtigen. Während meiner Tätigkeit in der Müttergenesung und in der Elementarpädagogik haben mir unzählige Frauen berichtet, ihre Kinder hätten ADHS und schon sehr früh heißt es, oft bei Jungen, die könnten sich nicht richtig konzentrieren. Das ist eine große Sorge bei Müttern, dass ein Sohn nicht still sitzen und sich richtig konzentrieren kann. Dass Bewegung Jungen gut tut und sie das womöglich für eine gesunde Entwicklung brauchen, wird hintangestellt. Wenn ich dann nachfrage, wer ADHS diagnostiziert habe, dann gab es diese ärztliche oder therapeutische Diagnose häufig gar nicht. Oft war es die Laiendiagnose einer besorgten Mutter, einer Erzieherin oder Lehrerin, die das Kind, den Jungen, bereits unter Druck setzte.

Manche Ärzte sind schnell dabei, die Diagnose ADHS zu stellen. Vorschnell? Es erstaunt mich schon sehr, wie rasant sich dieses Syndrom im Laufe der Jahre meiner Berufstätigkeit ausgebreitet hat. Mir ist das irgendwie suspekt. Gibt es für diese Kinder keine besseren Behandlungsmethoden als die zunehmende Verabreichung von Psychopharmaka? Bereits während meines Studiums las ich von der Psychiatrisierung, Therapeutisierung und Liquidierung der Kindheit. Wir haben darin beachtliche Fortschritte erzielt.

Jungen entgeht in hohem Maße Bildung und sie drohen auch dadurch verhaltensauffällig oder kriminell zu werden. In der Jugend stehen Jungs oft ohne Ausbildungsplatz oder Arbeitsplatz da. Arbeitslosigkeit trifft junge Männer in hohem Maße. So einen problematischen Lebenslauf wünschen sich Eltern nicht für das eigene Kind. Eltern wollen gleiche Chancen für Söhne und Töchter. Sie wollen keine Herabsetzung der Leistungen ihrer Jungs und keine Herabwürdigung ihrer Person, wie es nachweislich in Betreuungs- und Bildungseinrichtungen geschieht. Nämlich immer dann, wenn Jungen bei gleicher Leistung schlechtere Noten erhalten als Mädchen. Immer dann, wenn sie in ihrem Selbstwert massiv verunsichert werden und ihnen keine anderen Rollenvorbilder als die von Frauen zur Verfügung stehen. Immer dann, wenn eine Lehrerin sich an einem Elternabend darüber freut, dass die kleinen Mädchen am Lehrerpult stehen und ihre Hausaufgaben zeigen wollen. Das sagte eine Lehrerin auf einem Elternabend. Erst als sie die Blicke von uns Eltern mit Söhnen bemerkte, fügte sie an: „Natürlich auch die Jungen…“.

Eltern wollen für Jungen keine strukturellen Bildungs- und Gesundheitsbenachteiligungen. Jungen zu fördern muss nicht bedeuten, Mädchen etwas zu nehmen, aber es gleicht, gesamtgesellschaftlich und menschlich betrachtet, Nachteile für Jungen aus. Wir haben uns wahrscheinlich weit davon entfernt, die Bedürfnisse von Jungen zu verstehen und ihnen empathisch und förderlich zu begegnen. Mir tut das um diese Kinder leid. Als

Gleichstellungsbeauftragte würde ich gern auch für die Jungen unserer Kommune etwas tun, schließlich ist die Zahl der überwiegend männlichen Schulabbrecher in Goslar im Bundesdurchschnitt recht hoch. Ein Vortrag zur Leseförderung wäre etwas, dass ich als Gleichstellungsbeauftragte initiieren könnte. Besser wäre aber eine kommunale, politische Offensive für Jungen.

Wir reden von den neuen Vätern, lassen sie aber mit ihren Anliegen oft im Regen stehen. Sie tragen es bestenfalls mit Humor, wenn sie im Baby-Schwimmkurs oder der Babymassage allein unter Frauen sind. Wo sind die Vater-Kind-Kurse, in denen Männer unter sich sein dürfen? Womöglich noch mit einem netten, erfahrenen und verständnisvollen Fachmann, der diese Gruppe anleitet und den Mann versteht und ermutigt? Wo sind die für Jungen, Männer und Väter empathischen, weiblichen Beraterinnen beziehungsweise die fachkundigen männlichen Fachleute? Bitte, jetzt nicht gleich wieder den Männern die Schuld in die Schuhe schieben und auf die noch vorhandenen Defizite für Frauen hinweisen. In der Geschlechterfrage geht es doch nicht um „Schuld", es geht allenfalls um Lösungen. Es geht auch nicht um einen Wettstreit darüber, wer es schwerer haben könnte. Es geht darum, spezifische Diskriminierungen abzubauen.

Herr H. ruft an, er lebt getrennt und hat die Kinder am Wochenende bei sich. Er möchte mit ihnen zu den Großeltern reisen und dort ein Wochenende verbringen. Die beiden Kinder sind im Grundschulalter und haben ihre Großeltern während der Ehezeit bereits öfter besucht. Die Kinder freuen sich auf Oma und Opa. Der Vater soll den Besuch der Schwiegereltern für dieses Wochenende allerdings absagen, sonst kann er die Kinder nicht bekommen. Das fordert die Mutter der Kinder. Herr H. ist verzweifelt. Er steht zwischen den Stühlen. Ob er trotz des mütterlichen Verbotes die Kinder einfach mit nach Süddeutschland nehmen kann? Er hat doch auch das Sorgerecht!

Herr B. war zwei Mal verheiratet. Seinen Sohn aus erster Ehe hat er seit 20 Jahren nicht gesehen. Die drei Kinder aus der zweiten Ehe leben bei der Mutter, der Umgang mit ihnen ist nach und nach versiegt. Mal hieß es sie seien krank, ein anderes Mal sie hätten keine Lust, ihn zu besuchen. Nun hat er sie schon viele Jahre nicht mehr gesehen und ist darüber traurig. Diese Traurigkeit nagt an ihm. Er weiß nicht, wie er damit umgehen soll. Heilbar ist sie nicht.

Viele der entsorgten Väter sind zuerst seelisch und dann körperlich belastet. Später erkranken sie ernsthaft und oft auch chronisch. Sie fallen die soziale Leiter hinunter, jedenfalls dann, wenn ihre familiäre Situation sich nicht bessert, aber stattdessen sogar verschlechtert.

Wo sind die helfenden Netzwerke für diese Jungen, Männer und Väter? Es fehlt deutlich an jenen Hilfestrukturen, die für Mädchen, Mütter und Frauen selbstverständlich sind. Es fehlen Väternotdienste, Männerberatungsbüros, Männerzentren, Männerhäuser und so weiter. Es fehlt an Empathie für Männer, denn sonst gäbe es diese Einrichtungen längst. Wir müssen zur Kenntnis nehmen, dass wir bessere Rahmenbedingungen brauchen, wenn wir den Diskriminierungen von Männern vehement begegnen wollen. Es gibt strukturelle Nachteile für Jungen, Männer und Väter, die ausgeglichen werden müssen.

Männer wollen sich den Gedanken gar nicht ausmalen, dass eine Frau ihnen ein Kuckuckskind unterschiebt, sie die Pille einfach mal so vergisst, eine Abtreibung verschweigt oder ihn nach der Geburt des gemeinsamen Kindes in die Wüste schickt. Dennoch müssen Männer solche Dinge immer wieder erleben. Warum tun Frauen so etwas? Welcher Charakter und welche Geisteshaltung verbergen sich hier bei einer Frau? Was müsste anders sein, damit auch werdende Väter an diesen für „ihr" Kind elementaren Entscheidungen gleichberechtigt beteiligt sein können. Welche gesetzlichen Regelungen fehlen und warum mangelt es an Bewusstsein für hier verborgene Diskriminierungen von Männern?

Männer wollen gleichberechtigt an den wesentlichen Lebensentscheidungen, die sie und ihre Kinder betreffen, beteiligt werden. Väter lieben ihre Kinder, ihnen steht ein angemessener Platz in deren Leben zu. Väter wollen heute Zeit mit ihren Kindern verbringen, sie wollen sie aufwachsen sehen und sich an ihrer Erziehung aktiv beteiligen. Sie wollen sich auch mit ihrer Liebe und ihrer Persönlichkeit in die Beziehung zum Kind einbringen können. Kinder brauchen ihre Väter für eine gesunde Entwicklung. Wer mag das heute noch in Frage stellen?

Der Vormarsch der Väter in die Familienarbeit ist unaufhaltsam. Es ist knapp über 30 Jahre her, da war Männern der Aufenthalt im Kreißsaal verboten, heute müssen sie in den Kreißsaal und tun dies selbstverständlich. Sie reißen aber die Vaterschaft nicht an sich, doch sie wollen auch nicht um ihren berechtigten Platz im Leben „ihres" Kindes betteln müssen. Es wäre gut, wenn Vater und Mutter in gegenseitigem Respekt und Achtung gegenüber den Leistungen des Anderen Elternschaft teilen würden. Viele Eltern schaffen das. Vielleicht, weil die Partnerin bereitwillig teilt, weil sie die Leistungen des Vaters anerkennt und als persönliche Entlastung empfindet? In strittigen Fällen brauchen Väter aber auch eine klare Gesetzgebung, die die Anliegen moderner Väter berücksichtigt. Die Familiengesetzgebung und die richterliche Beurteilung bei Trennung und Scheidung muss sich deutlicher dem tatsächlichen Leben der Menschen heute anpassen. Väter wollen auch nach Trennung oder Scheidung Teil der Familie sein und fühlen sich für ihre Kinder umso mehr verantwortlich und zuständig.

Einigen Männern kann ich ihre Betroffenheit deutlich anmerken. Einige Male sehe ich Tränen. Ich hatte in meinem Leben schon öfter Gelegenheit Männer weinen zu sehen, weil sie mir vertrauten und mir ihnen sehr unangenehme Dinge erzählten. Mich ehrt das und es zeigt mir, auch Männer sind emotionale und zerbrechliche Wesen, die leiden. Eigentlich müsste das jedem klar sein, aber viel zu oft werden Männer als Gefühlsidioten und Beziehungsdilettanten hingestellt.

In meinem Büro klingelt das Telefon. Ein älterer Mann bittet mich als Gleichstellungsbeauftragte um einen Termin. Er hat sein Leben lang hart gearbeitet, immer war er draußen, bei Wind und Wetter. Zuerst war er im Forstbetrieb tätig und später im Straßenbau. Nun steht er wenige Jahre vor der Rente, aber er kann die Belastungen des Berufes und die Aufgaben, die zuhause auf ihn warten, nicht mehr schaffen. Er lebt mit seiner Mutter und seiner Lebensgefährtin zusammen. Beide sind hilfebedürftig. Morgens um 5 Uhr steht er auf, dann kümmert er sich um seine hochbetagte Mutter, bevor er zur Arbeit geht. Nach einem Achtstundentag schwerer körperlicher Arbeit folgt die gleiche Pflegeprozedur mit der Mutter. Seine etwas jüngere Lebensgefährtin kann ihm nirgendwo helfen, sie ist psychisch krank und arbeitet nicht, weder für Geld noch zu Hause. Er hat Angst um seine eigene Gesundheit, denn was wird aus den beiden Frauen werden, wenn er nicht mehr kann, fragt er mich.

Auf einer festlichen Veranstaltung speise ich an einem Tisch mit sieben weiteren Menschen in historischer Umgebung eines Klosters nahe Goslar. Wir unterhalten uns über dies und das. *Am Tisch sitzt auch ein Arzt. Er lamentiert plötzlich, es sei schlimmer für Kinder, wenn die Mutter stirbt, als wenn der Vater sterben würde.* Eine starke Aussage, die mir noch lange nachgeht. Bei dem Gedanken, den Tod gegenseitig aufzurechnen wird mir elend. Sind Millionen Kriegswaisen in Deutschland nicht Beweis genug dafür, wie schwer die Abwesenheit des Vaters verdaut wird und welch gravierende Auswirkungen sein Fehlen auf die Lebensgeschichte eines Kindes hat? Wenn eine solche Aussage so unbedarft und unwidersprochen in den Raum geworfen werden kann, dann ist das schlechte Ansehen der Männer und die Zerstörung des Verhältnisses von Mann und Frau weit fortgeschritten, finde ich.

Wie einfach es ist, Männer zu ignorieren oder abzuwerten, sehe ich soeben im Fernsehen. Da gibt es einen Nachrichtenbeitrag zur Thematik der Familienhebammen. Ist doch eine tolle Sache, wenn frisch gebackene Mütter über einen längeren Zeitraum fachliche Hilfe bekommen. Wenn man damit auch noch diese kleinen Säuglinge besser versorgt weiß, ist es umso besser. Väter werden in diesem Beitrag aber überhaupt nicht erwähnt. Es taucht nicht mal symbolisch das Gesicht eines Vaters oder Mannes darin auf. Kein Vater kommt zu Wort. Man weiß nicht, ob dieses Kind, um das es im Beitrag geht, überhaupt einen Vater hat. Was macht der Vater? Will er sich um das Kind kümmern? Warum taucht er im Bericht nicht auf? Wäre das Kind vielleicht im väterlichen Haushalt besser aufgehoben? Vielleicht bräuchte es in diesem Fall auch keine Familienhebamme, weil Papa die „bessere Mutter“ ist? Die Hebammen sind in dem Beitrag natürlich weiblich. Der Beruf des Entbindungspflegers scheint unbekannt. Diese Hebammen heißen aber Familienhebammen und nicht Mütterhebammen.

Solche Art einseitiger Betrachtung und Berichterstattung gibt es viel. Das zeigt, dass die Sensibilität für die unterschiedlichen Perspektiven und Rolleninhalte in den Medien, also der Öffentlichkeit, noch etwas unterbelichtet ist. An diesem Fernsehbeitrag wird mir wieder einmal deutlich, dass es, neben der persönlichen und politischen, auch eine mediale Verantwortung gibt, um der Einseitigkeit entgegenzusteuern. Das andere Geschlecht muss immer mitgedacht, immer auch gezeigt werden und zu Wort kommen dürfen. Ignoranz eines Geschlechtes bringt das Miteinander von Frau und Mann nicht voran. Wir stehen heute an einem Punkt, an dem wir, auch mit Hilfe der Medien, unser Bewusstsein in der Geschlechterfrage erweitern können. Die Medien müssen an dieser Stelle ihrer gesellschaftlichen Verantwortung noch deutlicher nachkommen und auf die Vielfalt der Möglichkeiten verweisen. Stereotyp war gestern.

Wenn wir in Deutschland von Familienfreundlichkeit sprechen, dann meinen wir in erster Linie Mütter- und Frauenfreundlichkeit. Wir denken dann vielleicht noch im zweiten Satz an Kinderfreundlichkeit. Das ist mir im Sinne der Kinder allerdings bereits zu wenig. Und Väterfreundlichkeit? Steht sie gleichberechtigt da oder weit nachrangig? Was ist überhaupt väterfreundlich?

Viele Väter fühlen sich nach Trennung und Scheidung wie eine Marionette in den Händen der Ex-Frau. Sie haben den Eindruck, Fachleuten, Behörden und Ämtern ausgeliefert zu sein. Wenn sich Frauen so vermessen und willkürlich gegenüber Männern benehmen können, wie ich es immer wieder erlebe und höre, dann ist das für Männer und die Familiengemeinschaften der betroffenen Kinder wirklich ein riesiges Problem. „Was letztlich passiert, hängt einerseits von der „Blockadepolitik“ der Exfrau, andererseits vom Grad des Durchhaltevermögens des jeweiligen Vaters ab“. (Gerhard Amendt, Scheidungsväter, 2006). Gerade plötzliche Kontaktabbrüche würden die heftigsten und langwierigsten Vorgeschichten aufweisen, so Amendt weiter. Es könnte also sehr lehrreich sein, sich in Fachkreisen mit der Zeit vor und nach einer Trennung noch intensiver auseinanderzusetzen.

Es ist wichtig, dass Frauen versuchen, sich auch in die Situation von Jungen, Männern und Vätern hineinzuversetzen. Das muss insbesondere Fachfrauen gelingen, wie sollten sie sonst ihrem pädagogischen Auftrag gegenüber Jungen in einer Bildungs- und Betreuungseinrichtung gerecht werden? Wie sonst sollte eine Mutter erfolgreich einen Sohn erziehen? Wie kann eine Frau einen Mann lieben, wenn ihr die Empathie für ihn, für das Männliche und Männlichkeit fehlt? Wie kann man Frauen gut beraten, wenn man in der Beratung Männer ausklammert? Das Leitbild der Gleichbehandlung von Mann und Frau kann nur mit Empathie für das jeweils andere Geschlecht Wirklichkeit werden.

„So einen Mann darf man mit dem Kind doch nicht allein lassen! Sie glauben nicht, was der uns alles angetan hat“, sagt mir eine Großmutter, und begründet damit, warum der sorgeberechtigte Vater sich gefälligst aus allen Belangen der Tochter und das Enkelkind betreffend herauszuhalten hat.

Ältere Familienangehörige spielen bei Trennungen und Scheidungen manchmal eine unrühmliche Rolle, indem sie zwar ihre eigene Großelternposition ausbauen und stabilisieren, sich für die Anliegen der anderen Großeltern aber immun machen. Das ist nicht im Sinne der Kinder und ihres Rechts auf ihre Familiengemeinschaften. Solche Leute boykottieren durch ihre Beeinflussung einer Mutter sogar Menschen- und Kinderrechte. Ist ihnen das nicht bewusst?

Wäre ich ein Vater, dann hätte ich mit dem sogenannten „begleiteten Umgang“ durchaus Probleme. Der wird oft dann „angeordnet“, wenn häusliche Gewalt im Spiel ist oder sein soll, oder wenn es eine längere Phase ohne Kindesumgang für den Vater gegeben hat.

Unter den Augen einer dritten Person, und möglicherweise der Mutter in einem Nebenraum, ein unverfängliches Spiel oder Gespräch mit dem eigenen, womöglich verunsicherten und ob der Trennungsumstände gar traumatisierten Kind in Gang zu bekommen, ist eine pädagogische Glanzleistung. So etwas schaffen oft nicht einmal Berufsfachleute. Der betroffene Mann und Vater befindet sich zudem in einer Familien- und Lebenskrise. Ihm droht der Kontakt zum Kind verloren zu gehen, wenn er diese Situation jetzt nicht angemessen meistert. Wird daran gedacht, wenn man Vätern derlei Maßnahmen aufzwängt? Ich finde, im dringenden Interesse der Vater-Kind-Beziehung muss die bisherige Umgangspraxis neu überdacht werden. Es muss möglich gemacht werden, dass der seidene Faden zwischen Vater und Kind zu einem verlässlichen Tau für das Kind wird.

Umgang. Was für ein Wort für die Zeit, die ein Vater mit seinem Kind verbringt. Als Mutter würde ich mir einen solchen Begriff verbeten. Ich habe doch keinen „Umgang", sondern eine liebevolle, lebenslange Bindung und Beziehung zu meinem Kind! Wann können Vater und Sohn einfach mal in der Stadt ein Eis essen gehen? Wann kann der Vater seine Tochter liebevoll in die Arme schließen, ohne dass ein Anstandswauwau ihn dabei beobachtet? Warum werden die Worte und das Verhalten vieler Väter auf die Waagschale geworfen und viel zu oft für zu leicht befunden? Die Benachteiligungen, die für Männer in solchen „Umgängen" stecken, werden erst dann deutlich und erkannt, wenn man sich die Situation einmal anders herum vorstellt. „Switchen" nennt man das wohl in der sogenannten Gendersprache. Wir stellen uns dabei vor, die Mutter säße dort, um sie herum lauter (Fach-) Männer und vor ihr ihr verstörtes Kind…

Männer erzählen mir von Gutachten, die einige von ihnen, mit schwarzem Humor gesegnet, bereits „Schlechtachten" nennen. Denn sie kommen dabei in der Regel schlecht weg und am Ende bleibt das Kind sehr oft und ganz rollenstereotyp bei Mama. Für mich kommt das Kind dabei noch schlechter weg als der Vater. Es wird zu wenig Rücksicht darauf genommen, dass Kinder eine Bindung zum Vater dringend brauchen. Wie soll ein Kind ein gesundes, fröhliches Kind werden, wenn der Vater fehlt? Was gäbe es für einen Aufschrei, wenn die Kinder aufgrund von Gutachten so gut wie immer zum Vater kämen und die Mütter würden leer ausgehen. Da kann doch etwas nicht stimmen, oder?

Väter müssen lange warten, ehe sie vor Gericht angehört oder ihnen „Recht“ gesprochen wird. Ob das neue *Familienverfahrensgesetz* (FamFG 2009) hier wirklich Abhilfe schafft, muss sich an den Realitäten messen lassen. Seit 2009 müssen die ersten Anhörungen in Familienrechtsverfahren innerhalb von vier Wochen stattfinden. Ich lasse Ausreden auf Kosten der Kinder nicht gelten, die oft monatelang auf die Hilfe der Behörden und Gerichte warten mussten.

Wenn Männer aber Gutachten, Berichte oder Urteile ungerecht und diskriminierend empfinden, bleibt ihnen nur ein aufwendiger Weg durch viele Instanzen. Das kostet Nerven, Zeit und Geld. Dem Gros der Väter stehen diese Ressourcen nur begrenzt zur Verfügung. Das Geld wäre auch besser in die Kinder investiert, als in die sogenannte Scheidungsindustrie. Politik und Gesetz dürfen nicht länger zulassen, dass Kinder ihre Väter und ihre Familiengemeinschaften verlieren. Wir müssen gemeinsam unsere Verantwortung diesen Kindern gegenüber besser wahrnehmen.

Es melden sich immer mehr Männer bei mir, die deutliche Unzufriedenheit mit der Hilfe und der Kundenfreundlichkeit ihrer Jugendämter äußern. Ich kann das erst gar nicht nachvollziehen. In einem Jugendamt eine Stelle zu finden war, soweit ich weiß, für Sozialarbeiter immer sehr begehrt. Früher hätte ich mir ebenfalls vorstellen können, in einem Jugendamt tätig zu sein. Allerdings habe ich während meiner Berufstätigkeit auch einige Kontakte mit Jugendamtsmitarbeitern gehabt, die ich fachlich problematisch fand. Einzelfälle, dachte ich damals.

Die grundsätzliche Kritik von Prof. Heinrich Kupffer an der Arbeit der Jugendämter ist bereits Jahrzehnte alt, aber nicht weniger aktuell. Er formulierte bereits in den 1990ern, dass Gerichte fast immer der Auffassung der Jugendamtsmitarbeiter folgen würden. Auf diese Weise würde die Fiktion von Fachkompetenz im Jugendamt aufrechterhalten. Das Jugendamt hätte die Befugnis, eine von ihm selbst auserkorene Menschengruppe de facto ihrer Bürgerrechte zu berauben. Im Jugendamt würde es nicht nur an Sachkompetenz und demokratischer Legitimierung fehlen, sondern auch an pädagogischer Verantwortung. Er diagnostiziert dem Jugendamt sogar einen strukturellen Größenwahnsinn. Dort würde Amtskompetenz chronisch mit Sachkompetenz verwechselt. (Karin Jäckel, Das Urteil des Salomon, 2005) Ich staune nicht schlecht, als diese und ähnliche Aussagen auf meinem Computerbildschirm erscheinen. Ist das nicht überzogen? Jugendämtern geht es doch um das Kindeswohl. Sie setzen sich in erster Linie für das Wohlergehen unserer Kinder ein, denke ich. So denken wohl viele Menschen in Deutschland, in Teilen könnten sie irren.

Deutsche Jugendämter werden im In- und Ausland durchaus kritischer wahrgenommen, als wir es selbst vielleicht wahrhaben wollen. Die EU Petitionskommission forderte bereits 2009 die Einführung einer Kontrollbehörde für Jugendämter. Bis heute sind 120 Petitionen bei der EU eingegangen, in denen die Arbeit der Jugendämter beklagt wird.

Karin Jäckel zitiert in ihrem Vortrag „Die heimliche Entmachtung der Eltern" zum Beispiel das französische Fernsehen, welches vom Jugendamt als „Relikt des Lebensbornvereins unter Himmler" sprechen würde. Sie verweist auf das italienische Fernsehen, in dem von einer „herzlosen Kinderklaubehörde" die Rede sei. Während deutsche Jugendämter und das deutsche Familienrecht immer häufiger negative Schlagzeilen machen, wiegeln Menschen, die mit dieser Thematik noch nichts zu tun hatten, Kritik meist ab. Sie verweisen auf Einzelfälle oder schwerste Kindesmisshandlungen, die eine solche Behörde und ihr invasives Eingreifen doch erforderlich machen würde. Die Kritik von

Karin Jäckel, Heinrich Kupffer und anderen ist so deutlich, dass mich wundert, wo Politik, Gesetz und Fachwelt diese stoische Ignoranz hernehmen und warum sie keine gravierenden Änderungen herbeiführen. Es gibt zahlreiche Länder, die ohne Jugendamt auskommen. Wie schaffen die das nur?

Die Geschichten von diskriminierten Vätern aneinanderzureihen und die Benachteiligungen von Männern zu benennen, werden vielleicht harte Herzen weich klopfen. Das Ausmaß der Schäden des jahrzehntelangen Geschlechterkampfes und der Abwertung des Mannes durch den ideologisierten Feminismus verdeutlicht das noch längst nicht. Es wird nicht reichen, einfach nur aufzuzählen, welche emotionalen und seelischen Qualen sich für ungleichbehandelte, diskriminierte Männer ergeben. Es muss gesamtgesellschaftlich, politisch und auch im persönlichen Raum anders als bisher gehandelt werden. Viele Schäden wird man nicht mehr beheben können, das ist tragisch. In diesen Zusammenhängen habe ich über das Leid der betroffenen Kinder und die Not der entsorgten Großeltern und anderer Familienangehöriger noch gar nicht ausführlich gesprochen. Das kommt alles noch hinzu und erscheint mir ein sehr hoher Preis für das, was wir „Befreiung und Emanzipation der Frau" nennen.

Informationen und Gedanken nehme ich während meiner Tätigkeit als Gleichstellungsbeauftragte interessiert auf und versuche die Puzzleteile zusammenzufügen. Wir stehen erst am Anfang des Erkennens, dass die Auswirkungen jahrzehntelanger einseitiger Parteilichkeit für Frauen nicht nur positiv wirken, sondern auch nachhaltige Schäden verursacht haben könnten.

Es gibt Frauen und Männer, die sich im Sinne der Gleichberechtigung von Frauen und Männern ernstlich Sorgen um unsere gemeinsame Zukunft machen. Sie sprechen davon, dass durch die ideologisierte einseitige Parteilichkeit für Frauen unsere Demokratie bereits heute leidet und womöglich zu zerbrechen droht. Denn einseitige Parteilichkeit hebelt an manchen Stellen Demokratie aus, weil sie sich den üblichen demokratischen Prozeduren unseres Landes entzieht. Manche dieser Menschen prophezeien nach dem Untergang des Patriarchats, fast angstvoll, ein Matriarchat. „Frauen gehört die Zukunft“ ist ein Slogan, der ja durchaus bereits kursiert. Womöglich sind wir schon auf dem besten Wege zu einem Matriarchat?

Solche Mahner warnen auch davor, dass Männer dann zum untergeordneten Geschlecht werden könnten und bereits auf dem besten Wege dahin sind. Man verweist zum Beispiel auf die vielen männlichen Zeitarbeiter, die für wenige Euros durch ganz Europa kutschieren, in Baracken wohnen und ihre Familie nur selten sehen. Solche Visionäre malen für das männliche Geschlecht eine erschreckende Zukunft aus, in der Bildung und gut bezahlte Arbeit für Männer Mangelware sind und der Mann verzichtbar ist. Eine Fiktion? Ein schlechter Science Fiction?

Meine Arbeit und Vision

Wir haben Nachholbedarf, wenn es darum geht, den Gleichstellungsbedürfnissen von Männern gerecht zu werden und ihnen entsprechende Netzwerke und Hilfestrukturen zur Verfügung zu stellen. Das Ausmaß der Diskriminierung des Mannes ist größer, als wir es bisher wahrhaben wollten. Das körperliche, seelische und soziale Wohlbefinden von Männern muss auch aus gleichstellungspolitischer Sicht einmal bewertet werden dürfen. Das ist sogar längst überfällig.

Jeder Mann hat ein Recht auf die eigene Emanzipation, auch wenn sich diese fern frauenpolitischer oder feministischer Vorgaben vollzieht. Selbstbestimmung ist ein Menschenrecht. Als Frau habe ich mir, wie viele meiner Schwestern, dieses Recht genommen. Ich sehe keinen Grund, immer einseitig und parteilich nur im Interesse der Frauen zu denken und zu handeln. Das wirkt wie weiblicher Narzissmus. Es gibt auch keinen Grund, die Emanzipation der Männer nur unter einer „feministischen Nationalflagge“ zu erlauben, nur weil das einigen politisch korrekt erscheint.

Auf einer Veranstaltung in Berlin höre ich, wie eine Führungskraft aus der Abteilung Gleichstellung des Bundesministeriums für Familie, Senioren, Frauen und Jugend (BMFSFJ) sagt, dass auch Männer Gleichstellungsbeauftragte sein sollten. Ihr würde sich nicht erschließen, warum ausgerechnet wir Frauen zu wissen glauben, was Gleichstellungsarbeit ist. Diese Mitarbeiterin, Frau Welskopp-Defaa, war es auch, die schon vor Jahren in einem Bulletin des Deutschen Jugendinstituts mitteilte, dass die Zeiten der männerblinden Gleichstellungsarbeit vorbei seien.

Auf der europäischen und auf der Bundesebene sind gute Strategien und Ansätze vorhanden. Die Initiative „Männer in Kitas“ wird zum Beispiel über den europäischen Sozialfond gefördert und von der Bundesregierung unterstützt. Im Bundesfamilienministerium gibt es ein Referat 408 „Eigenständige Jungen- und Männerarbeit“. Die Idee einer eigenständigen Jungen- und Männerarbeit soll auf Initiative der FDP in den Koalitionsvertrag gekommen sein. Ich habe die FDP Bundestagsabgeordnete Miriam Gruß in Berlin besucht und in ihr eine Mitstreiterin gefunden. Der Gedankenaustausch mit ihr hat mich bestärkt, ich hätte nach diesem Gespräch nicht gedacht, dass die FDP in Goslar sich so gegen mich stellen könnte. Auch die CDU Bundestagsabgeordnete Michaela Noll habe ich in den drei Jahren meiner Tätigkeit als Gleichstellungsbeauftragte besucht. Ich kann in den Arbeitsansätzen von Bundesministerin Schröder und auch in dem Gedankenaustausch mit diesen beiden Bundestagsabgeordneten Übereinstimmungen mit meinen Gedanken- und Arbeitsansätzen erkennen.

Das Bundesarbeitsministerium setzt sich zum Beispiel mit einer Broschüre für mehr Teilzeitarbeit für Männer ein und aus dem Bundesjustizministerium erfährt man, dass 22 % aller Mütter den Umgang des sorgeberechtigten Vaters mit dem Kind ablehnen. Im Bundesjustizministerium arbeitet man derzeit auch daran, die höchstrichterlichen Rügen und Menschenrechtsverletzungen gegenüber Männern gesetzlich besser zu ordnen. Eheliche Kinder sollen nichtehelichen Kindern gleichgestellt werden, so will es der Europäische Gerichtshof für Menschenrechte (EGMR). Die Gleichstellung ehelicher und nichtehelicher Väter (und Kinder) sollte eigentlich längst geregelt sein. Wie es aussieht, hat sich die Bundesregierung die angemahnte gesetzliche Regelung für dieses Jahr vorgenommen. In Deutschland lassen wir es leider immer noch zu, dass uneheliche Kinder ehelichen nicht gleichgestellt sind. Das automatische Sorgerecht beider Elternteile erhalten nur die ehelichen Kinder. Der uneheliche Vater erhält das Sorgerecht für sein Kind erst, wenn die Mutter dem zustimmt, sie es ihm quasi „schenkt". Bis dahin ist er rechtlos und das Kind ohne väterlichen Schutz. Das fühlt sich an, wie ein Relikt aus dem Mittelalter. Wie kann man heute noch eine solche Ungleichbehandlung von Kindern ignorieren? Biologische Väter haben es schwer in Deutschland.

Es ist doch erfreulich, dass der Familienrichter Jürgen Rudolph in Cochem vor gut 20 Jahren einen Arbeitskreis gründete, aus dem sich die sogenannte „Cochemer Praxis" entwickelte. In Cochem gibt es schon lange keine schmutzigen Schriftsätze mehr. Das erste Gespräch im Familiengericht findet dort bereits seit zwanzig Jahren schon innerhalb von vier Wochen statt. Ist ein Elternteil nicht kooperativ, dann droht diesem der Sorgerechtsentzug. Dieses Modell könnte in Deutschland auch schon längst gängige Rechtspraxis sein. Doch wir haben in unserem Land weitestgehend etwas etabliert, das viele „Scheidungsindustrie" nennen. Das klingt für mich nach schlechter Marktwirtschaft auf dem Rücken unserer Kinder. Bei Trennung und Scheidung gibt es keine Gewinner, nur Verlierer.

Die Rechtsanwälte Baltes und Rixe (www.baltesundrixe.de) haben auf ihrer Website ergangene Urteile aufgelistet, welche die Rechte von Vätern stärken: So erklärten die Richter des Europäischen Gerichtshofes für Menschenrecht (EGMR) 2011, dass einem biologischen Vater der Umgang mit seinem Kind nicht einfach verwehrt werden darf, auch wenn das Kind einen rechtlich anderen Vater hat. Es wurde zwar während der Ehezeit, nicht mit dem Ehemann gezeugt. Aber rechtlich gesehen ist deshalb der Ehemann der Frau der „Vater" dieses Kindes, auch wenn der biologische Vater jemand anders ist. Es sei auch nicht richtig, dass das deutsche Recht einem Vater keine Möglichkeit einräumt, ohne Zustimmung der Mutter ein gemeinsames Sorgerecht für ein nichteheliches Kind durchzusetzen. Nichteheliche Kinder dürfen, was das Sorgerecht betrifft, nicht schlechter gestellt sein, als ehelich geborene Kinder, so der EGMR ebenfalls 2011. Einem biologischen Vater darf der Umgang mit seinem Kind nicht verweigert werden, auch wenn er nie mit dem Kind zusammen gelebt hat, so der EGMR 2010. Auch die Möglichkeit eines Sorgerechtes für den biologischen Vater könnte bestehen, wenn die Mutter das Kind zur Adoption freigibt. Solche Urteile klingen ja geradezu fantastisch, gemessen an der gängigen Rechtspraxis.

Der EGMR verpflichtet jeden Vertragsstaat, also auch Deutschland, auf die Zusammenführung eines leiblichen Elternteils mit seinem Kind hinzuwirken. Das entspricht den UN Kinderrechten. Deutschland ist den UN Kinderrechten und den Menschenrechten verpflichtet.

Natürlich gibt es bereits heute viele Fachleute, die ähnlich denken und arbeiten wie ich, aber noch zu wenige an den gesellschaftlichen und politischen Knotenpunkten und bei den Entscheidungsträgern. Ich bin eine von vielen Vertretern einer neuen Gleichstellungspolitik, die Männer inkludiert. Eine Gleichstellungsbeauftragte, die sich in dieser Thematik so deutlich engagiert, gab es bislang wohl nicht, denn dann hätte mein Verhalten, die Reaktion der regionalen Frauennetzwerke darauf und letztlich die Begründung meiner Abberufung als Gleichstellungsbeauftragte kaum für so viel Aufregung gesorgt. Nun ist es aber geschehen und darf getrost als ein Meilenstein betrachtet werden.

In Goslar gelingt es mir als Gleichstellungsbeauftragte mit Hilfe eines Anwaltes und des örtlichen Amtsgerichtsdirektors einen „Runden Tisch“ zu organisieren. An zwei Treffen nehme ich als Beobachterin teil und unser gemeinsames Anliegen kommt in die regionale Presse. Verfahrenspfleger, Anwälte, Jugendamt und Richter setzen sich zusammen und bemühen sich um eine Verbesserung der Abläufe in den Familienverfahren. Das müssen sie auch, denn gesetzlich ist in Kürze vorgeschrieben, dass ein Familienverfahren sehr schnell begonnen und möglichst auch entschieden sein muss. Das ist ein guter Ansatz. Kinder haben nicht die gleiche Zeit wie eine Akte und kein Verständnis dafür, auf einen Elternteil verzichten zu müssen, weil Behörden nicht in der Lage sind, ihre Arbeitsabläufe zu straffen, oder Eltern sich nicht einigen wollen.

Die Anwälte vor Ort vereinbaren, keine Briefe mehr zu verfassen, in denen Vater und Mutter sich gegenseitig Vorwürfe machen. Eltern verpflichten sich stattdessen zu einem beratenden Gespräch im Jugendamt. Aufgrund dieser Gesprächsergebnisse entscheidet der Richter dann innerhalb weniger Wochen.

Ich habe auch ein Vätercafé in einer Hebammenpraxis initiiert. Väter in Elternzeit sollten sich hier treffen können. Sie könnten ihre Säuglinge mitbringen und einen Kontakt als junger Vater mit einer Hebamme aufbauen. Ich fand das sinnvoll und die Hebammen wohl auch, denn sonst hätten sie wohl nicht in die Kooperation eingewilligt.

Eine Selbsthilfegruppe für Männer habe ich ebenfalls unterstützt. Ein paar Männer hatten den Wunsch, eine solche Selbsthilfegruppe, *aktive Papas*, zu gründen. Das hat Spaß gemacht und ich habe ja gleichzeitig auch die Selbsthilfegruppe der Alleinerziehenden unterstützt und ein interkulturelles Frauenfrühstück bei der AWO initiiert.

Die Idee eines sogenannten „Papa Picknick" fand ich auch toll. Diesen Gedanken hat ein Mann an mich herangetragen. Wie ich von ihm erfuhr, ist Michael Stiefel aus Berlin der „Erfinder" dieser Papa Picknicks. Er hat bereits einige Papa Picknicks in Berlin am Prenzlauer Berg organisiert. Einmal war ich im Mauerpark dabei und fand es klasse. Väter verabreden sich einfach in einem Park zum Grillen. Es werden Informationen ausgetauscht und man spielt mit den Kindern. So kann man sich gleich vernetzen und sich mit anderen erfahrenen Männern / Vätern austauschen.

Um die Väter im Landkreis noch besser zu vernetzen, initiierte ich einen Papa-Flyer. Ich konnte mir ja bereits einen ersten Eindruck über die Angebote für Frauen und Männer in der Kommune machen. Es gibt ein gutes Frauennetzwerk. Ein engagierter Kreis von Frauen trifft sich monatlich. Diese Frauen können auf viele Jahre Netzwerkarbeit zurückblicken und auf ihre sehr guten Kontakte zurückgreifen. Es finden regelmäßig Veranstaltungen für Frauen statt. Das Thema Frauen und deren Anliegen sind seit Jahren fest implementiert und aus der öffentlichen Debatte nicht mehr wegzudenken. Das ist nicht nur in Goslar so. Da muss ich mir als Gleichstellungsbeauftragte dieser Kommune also keine Sorgen machen. Aber die Männer? Da gibt es doch unleugbar gleichstellungspolitischen Nachholbedarf. Mit dem Papa-Flyer mache ich auf die wenigen Gruppen und Ansprechpartner für Väter in der Stadt aufmerksam. Ich biete mich als Kontakt und Vermittler an, so wie ich es auch für die Frauen mache.

Im Grunde habe ich nicht viel und auf keinen Fall nur noch etwas für Männer gemacht, wie es mir einige vor Ort vorwerfen. Wer sagt, ich hätte nur noch etwas für Männer gemacht, der lügt. Solche Leute hätten mit mir reden sollen und meine Tätigkeitsberichte lesen können, dann wüssten sie es besser. Ein solcher Vorwurf kann aus zweierlei Gründen sowieso nicht stimmen: Erstens würde ich durch Einseitigkeit für Männer meinem eigenen Anspruch als Gleichstellungsbeauftragte nicht gerecht werden, denn ich will ja Männer- *und* Frauenanliegen berücksichtigt wissen. Zweitens gibt es für das Amt der Gleichstellungsbeauftragten bereits viele Einsatzbereiche, die sich ausschließlich auf Frauen beziehen und denen ich nachzukommen hatte. Alles mit den beschränkten Möglichkeiten einer Teilzeitstelle und einer schlechten Haushaltslage.

Warum sollte ich als Gleichstellungsbeauftragte Männer auch nicht unterstützen? Starke selbstbewusste Frauen sind dazu in der Lage. Sie fürchten keinen frauenpolitischen oder feministischen Gesichtsverlust. Im Gegenteil kann das konstruktive und kooperative Verhalten von Frauen gegenüber Männern ein Maßstab für den Grad ihrer weiblichen Emanzipation sein. Männerkooperative Frauen wollen auf Augenhöhe mit Männern sprechen. Sie haben kein Interesse daran, Rache zu üben. Es entspricht weder dem Charakter noch der Persönlichkeit dieser Frauen, Männer herabzuwürdigen. Sie wollen Männern nämlich mit dem gleichen Respekt und derselben Achtung begegnen, die sie sich für sich selbst auch wünschen.

Ich interviewe Douglas Wolfsperger in Berlin. Wir gehen in ein Restaurant. Ich sitze einem freundlichen und feinfühligen Mann gegenüber. Wolfsperger wirkt nachdenklich, fast still. Was er sagt, wägt er ab. Man kann ihn sich gut vorstellen, wie er mit der Kamera beobachtet. Er ist gerade in einem neuen Projekt tätig, erzählt er mir. Eine Dokumentation, in der ehemalige KZ-Insassinnen zu Wort kommen. Sie hatten in der Nazizeit das Konzentrationslager überlebt. Sie spielten dort in einem Orchester, das war ihr Glück im Unglück. Ein Berliner Jugendprojekt wird die Erlebnisse der alten Damen aufarbeiten. Wolfsperger will dabei sein und das dokumentieren. Ich finde das spannend. Letzte Zeitzeugen des Dritten Reichs kommen hier zu Wort. Mich haben die Geschehnisse im Zweiten Weltkrieg schon immer interessiert.

In dem Film „Der entsorgte Vater“ von Wolfsperger kann man sehen, welchem Leid und welcher Traurigkeit Männer ausgesetzt sind, deren Kinder aktiv durch die Mutter und mit Hilfe von Behörden entfremdet werden. Ich will mich nicht damit abfinden, dass einige meiner Geschlechtsgenossinnen sich so schlimm gegenüber Männern verhalten. Diese Frauen müssen einsehen, dass ihr destruktives Verhalten dem Vater gegenüber ihren Kindern schadet. Es ist nicht richtig, mit einem Mann ein Kind zu zeugen, aber dann eine Hälfte dessen abzulehnen, was dieses Kind ausmacht – den Vater.

Der Dokumentarfilm „Der entsorgte Vater“ von Douglas Wolfsperger lief zunächst in ausgesuchten Kinos und wurde überwiegend dem einschlägig betroffenen Publikum bekannt. Dann kam er auf dem Sender Arte und später auch in der ARD. Wolfspergers Film war Thema der Beilage der Ausgabe *Geo Wissen* Nr. 46/2010, in der es um Väter ging. Im Internetauftritt dieser Ausgabe heißt es: „Familienforscher haben herausgefunden: Die Wichtigkeit der Mutter bei der Kindererziehung wird reichlich überschätzt. Ohne Väter ist kein Nachwuchs richtig fit fürs Leben.“

Mich wundert es überhaupt nicht, dass manche Männer in ihrer Verzweiflung nicht mehr wissen, was sie tun sollen. Manche dieser Männer reagieren dann irrational, destruktiv oder autoaggressiv. So sorgen sie für Schlagzeilen, die aber nur an der Oberfläche der Beziehungskrise und ihrer Probleme kratzen. Da ist dann von Familiendrama und einer nicht verkrafteten Trennung von einer Frau die Rede. Das greift zu kurz, finde ich, und verdient mehr Aufmerksamkeit. Unsere Jungen, Männer und Väter brauchen eine gute Interessenvertretung. Und es wird Zeit, dass weit mehr menschlich und fachlich gebildete Frauen und Männer für das männliche Geschlecht in die Bresche springen. Wir brauchen einen hohen Grad an Zusammenhalt jener Menschen in unserer Gesellschaft, die den von einigen radikalen Frauenrechtlerinnen und Feministinnen geschürten Geschlechterkampf beenden wollen. Es muss sich eine Bewegung in der Mitte der Gesellschaft gründen, die vorbildlich und standhaft für einen Frieden zwischen Mann und Frau eintritt. Dafür möchte ich mich einsetzen.

Wenn Menschen sich gegenseitig wohlgesonnen sind und es schaffen, dem anderen zu wünschen, dass es ihm gut gehen mag im Leben, dann bringt das unglaublich viel Entspannung. Eine Entspannung, die auch in Familien, die nicht mehr gemeinsam unter einem Dach leben, dringend nötig ist. Kinder werden das spüren und ihre Freude daran haben, wenn sie Papa und Mama und ihre Familiengemeinschaften umfänglich und aus eigenem Erleben kennenlernen können. Steine, die man einem Vater in den Weg legt, legen sich automatisch auch den Kindern in den Weg, das ist mir eine bittere Erkenntnis geworden.

Mein Mann und ich initiieren zum Internationalen Männertag 2010 privat und ehrenamtlich einen Männernotruf. Wir haben gemeinsam die Nachrichten angeschaut und die Schlagzeile auch in der Zeitung lesen können: Ein Vater ist mit seinem erst wenige Jahre alten Sohn in Selbstmordabsicht auf die Eisenbahnschienen gegangen. Beide sind tot.

Was muss alles passiert sein im Leben eines solchen Mannes. Er zieht das Kind an. Er geht mit ihm zum Wagen und fährt los. Erzählen sich die beiden noch etwas? Dann hält der Vater das Auto an. Er steigt aus und nimmt das Kind aus dem Kindersitz wie ich es mit meinen Kindern schon hunderte Male gemacht habe. Vertrauensvoll legt das Kind seine Hand in die des Vaters. Sie klettern gemeinsam auf den Bahndamm und treten auf die Gleise. Das Kind hört wie die Schienen summen – der ICE rast heran. Ich bekomme Gänsehaut, wenn ich mir die Szene ausmale.

Mein Mann und ich sehen in diesem tragischen Ereignis stellvertretend einen Hilferuf, wie ihn viele Väter auf die eine oder andere Weise und oft ungehört, aussenden. Uns beiden wird immer deutlicher, dass es für Männer viel zu wenig passende Anlaufstellen und Hilfestrukturen gibt. Wir reanimieren also ein altes Handy mit einer neuen Prepaidkarte und organisieren eine Erreichbarkeit, wie sie uns irgendwie möglich ist. Abwechselnd tragen wir das Telefon mit uns herum. Wir wollen ein bisschen Hilfe leisten und nicht schweigend, ignorierend oder einseitig vorwurfsvoll verharren.

Unsere Pressemitteilung zur Sache wird von diversen regionalen Zeitungen aufgenommen. Von einem regionalen Radiosender werden wir eingeladen und interviewt. Überregionale Polizeistationen fragen bei uns an, ob sie unsere Telefonnummer weiterreichen dürfen. Sie wissen sonst keine Anlaufstelle für Männer, heißt es.

Bei aller Not, die sich aus der Diskriminierung von Männern ergibt, ist es nicht zu leugnen, dass es auch Männer gibt, die ihre persönliche Verbitterung nicht zurückhalten können. Es gibt Männer, die mit harten Bandagen versuchen, ihre persönlichen Vorteile gegen Frauen durchzusetzen. Es gibt Männer, die unkameradschaftlich gegenüber anderen Männern auftreten. Und es gibt auch Männer, die wirklich böse gegen Frauen vorgehen. Das sind Ausnahmen, die wir nicht zur Regel erheben dürfen. Die meisten Männer sind besonnen. Sie vertreten die Interessen ihrer Kinder. Sie sind keine Krawallmacher, sondern mitfühlende Menschen.

Doch ist es meine Aufgabe, die Spreu vom Weizen zu trennen? Soll ich moralisch bewerten, verfassungsrechtlich einordnen? Ich bin kein Richter und auch kein Polizist. Ich bin auch keine einseitig parteiliche Ordnungshüterin. Ich bin Sozialarbeiter und Menschenfreund.

3. Kritik an meiner Arbeit und Einstellung

Zwischen Vorwürfen, Anklagen und Zuspruch

Es gibt ein paar wirklich schlimme Vorwürfe in meine Richtung, die ich entsetzlich finde. Vielleicht drohen solche und ähnliche Vorwürfe auch anderen Menschen oder Gleichstellungsbeauftragten, die sich ähnlich wie ich engagieren. Deshalb finde ich es wichtig an dieser Stelle auch darüber zu informieren.

Begonnen hat es mit einigen Frauen in Goslar, die auch in der „Initiative Gute Gleichstellungsarbeit" aktiv sind. Sie warfen mir unter anderem vor, ich wolle die Errungenschaften der Frauen abschaffen und ich sei rückwärtsgewandt. Warum? Weil ich Kritik an einigen dieser Errungenschaften übe? Weil ich ein Leben mit Kindern für etwas Wunderbares halte? Weil ich die Entscheidung einer Frau, zu Hause zu bleiben und sich um Kinder und Familie zu kümmern, genauso richtig finde, wie andere Lebensentwürfe von Frauen? Wenn sich eine Frau für Kinder und Familie entscheidet, dann denken manche Frauenpolitikerinnen sofort an Slogans wie „Zurück an den Herd", sie bekommen eine frauenpolitische Gänsehaut und ihre Nackenhaare stellen sich auf. Ich sehe das gelassener.

Es gibt eben Menschen, die sich für Kinder entscheiden und finden, dass diese im alten aber bewährten Modell der Familie großgezogen werden sollten. Daran kann ich nichts Schlimmes, aber für Kinder viel Gutes entdecken. Die meisten Kinder wachsen in Familien auf. Darüber kann das öffentliche Interesse an Patchworkfamilien, Alleinerziehenden und anderen, teilweise exotischen Lebensumfeldern von Kindern nicht hinwegtäuschen. Ich halte die Familie nicht für ein Auslaufmodell. Die

Frauenpolitik fordert Wahlfreiheit. Das inkludiert aus meiner Sicht den oben genannten Lebensentwurf einer Frau. Abgesehen von einigen Frauen, die einen anderen kulturellen Hintergrund haben, gibt es in unserem Land wohl keine Frau, die gezwungen wird zu heiraten. Es wird auch so gut wie keine Frau geben, die sich von ihrem Mann zwingen lässt, zu Hause zu bleiben. Der Zwang für Frauen dürfte eher vom Arbeitsmarkt kommen, in Richtung Arbeitsmarkt gehen und monetärer Art sein, als dass er vom Ehemann oder Partner ausgeübt wird.

Frauen in unseren Breitengraden, die sich für Ehe, Kinder und Familie entscheiden, darf man sicher ein größtmögliches Maß an Freiwilligkeit und Wahlfreiheit unterstellen. Das sollte endlich auch von Frauenrechtlerinnen und von Feministinnen anerkannt und respektiert werden.

Diese ersten Vorwürfe einiger Goslarer Frauen speisen sich meines Erachtens auch daraus, dass ich keine fundamentalistische Frauenbeauftragte sein wollte, sondern eine innovative Gleichstellungsbeauftragte war. Meine kritische Haltung dem radikalen und ideologischen Feminismus gegenüber war den Frauen offenbar ebenfalls suspekt. Nicht zuletzt war es auch mein kleines, aber anhaltendes Engagement für Männer, welches diese bestimmte Gruppe von Frauen verunsicherte, irritierte und dann auch gegen mich aufbrachte. Für diese Frauen war ich eine „Männerbeauftragte“ und eine „Antifeministin“. Ich fand, dass ich auch eine Beauftragung für Männer hätte, und dass es so etwas wie „Antifeminismus“ gibt, hörte ich hier zum ersten Mal.

Männer und Frauen jenseits dieser einseitig parteilichen Frauennetzwerke haben mich hingegen häufig ermutigt und bestärkt. Sie haben meine Ansätze, mich für Frauen- und Männerthemen stark zu machen und Diskriminierungen unabhängig des Geschlechtes aufzuzeigen, wertgeschätzt. Auf meinem Blog und in E-Mails zeigten sie mir ihre Unterstützung:

Jörg schreibt mir, er sei innerlich bewegt und ich würde ihm aus dem Herzen sprechen, er wünscht mir Standhaftigkeit und meint, „als Frau und Gleichstellungsbeauftragte sind Sie in dieser Diskussion von unschätzbarem Wert".

Christian schreibt, er hätte „noch nie so fortschrittliche Worte von einer Gleichstellungsbeauftragten gelesen".

Tristan kommentiert die Initiative der feministischen Frauen gegen mich mit den Worten, „dass diese organisierte Gegenreaktion nur deshalb so aggressiv auftritt, weil sie ihre Pfründe bedroht sieht".

Johannes findet, dass „in den vergangenen zwei bis drei Jahrzehnten gesamtgesellschaftlich ein Klima der Angst und Einschüchterung gegenüber denjenigen entstanden ist, die keine Feministen sind bzw. sich gar für Männer einsetzen."

„Mein Respekt für ihren Mut, eine Pionierarbeit zu tun," schreibt *Michael.*

Aber auch Frauen melden sich bei mir zu Wort.

So beklagt *Ute*, „die Mutter kürzt den Umgang, das Jugendamt stimmt zu, das Kind mag noch so leiden, es interessiert keinen. Es ist ein kleiner Trost, dass es Menschen wie Sie gibt."

Christa bedankt sich für „die wirklich aufmunternden Worte, die Sie für Mütter gefunden haben".

Helga ist Großmutter, wie sie mir schreibt. Sie beklagt die Situation ihres Sohnes und Enkelsohnes „in dem nicht enden wollenden Streit um Sorgerecht und Unterhalt". Sie schätzt mein Engagement und wünscht mir alles Gute.

Dorothea bedankt sich „für diese menschenfreundliche Haltung, die einem schon durch seine martialische Terminologie entlarvten familienfeindlichen „Feminismus" (Geschlechterkampf) eine Absage erteilt. "

Ilse schreibt: „Sie haben die Hochachtung einer alten Frau. Respekt vor Ihrer vernünftigen Arbeit und Ihrer Zivilcourage.

Gleichberechtigung ist nun mal keine Einbahnstraße mehr, diese Zeiten sind gottseidank vorbei.“ Sie unterschreibt mit den Worten „Eine Alt-Emanze, der Sie imponieren.“

Es gibt ausreichend Menschen, die die bereits bundesweit angestoßene Diskussion, der ich mich anschloss, erfrischend finden und sie wertschätzen. *Werner* kommt zum Papa Picknick bei der Jugendherberge in Goslar, nur um mir zu sagen, dass er es toll findet, „dass hier jemand Gleichstellung mal wörtlich nimmt“. Kolleginnen und Kollegen sprechen sich im persönlichen Gespräch positiv über meine Arbeit aus. Ich werde beim Einkaufen in der Stadt angesprochen. Eine ältere Frau geht mit ihrem Mann an mir vorbei. Dann erkennt sie mich, läuft zurück, begrüßt mich und gibt mir die Hand. „Ich lese Ihre Beiträge immer gern. Sie machen das richtig. Weiter so.“

Im Zeitraum meiner Tätigkeit als Gleichstellungsbeauftragte taucht dann eine nicht wissenschaftliche Expertise „Geschlechterkampf von rechts“ aus der Friedrich Ebert Stiftung auf. Der Autor benennt dort unter anderem Gruppen und Menschen, mit denen ich in den letzten drei Jahren teilweise zu tun hatte. Er selbst gibt an, sich ebenfalls in diesen Kreisen aufzuhalten, um als Journalist zu recherchieren. Diesen Gruppen und Menschen wirft der Autor dann explizit vor, sie oder einige von ihnen hätten Verbindungen mit der politisch Rechten und würden sich gefährlich nah am politisch rechten Rand bewegen oder gar darüber hinaus gehen. Ich fühlte mich durch solche Aussagen da mit hineingezogen und „braun angepinselt“, weil ich zu diesem Zeitpunkt ja bereits gute Kontakte mit einigen Leuten vom Väteraufbruch für Kinder e.V., MANNdat e.V. und Agens e.V. hatte. Diese Vereine werden in der Expertise explizit benannt.

Diese kleine Broschüre, sie hat weit unter 100 Seiten, ist dann in Windeseile in den bundesweiten und regionalen Frauennetzwerken verteilt worden. Ich konnte das beobachten, weil ich ja in den einschlägigen Veranstaltungen saß. Die Broschüre lag auf den Tischen auf der Bundestagung der Frauen- und Gleichstellungsbeauftragten in Wuppertal aus und es wurde gezielt vom Podium darauf hingewiesen, dass Gleichstellungsbeauftragte sich mit dieser Thematik beschäftigen sollten. „Seid hier besonders aufmerksam und nehmt bloß keinen Kontakt mit diesen ‚Männerbünden' auf", war der inhaltliche Tenor. Man konnte den erhobenen Zeigefinger hinter diesen Worten deutlich spüren und es schwang auch etwas Ängstlichkeit mit. Ratzfatz war das Pamphlet von der Bundestagung der Gleichstellungsbeauftragten in die Landeskonferenzen gelangt und kurz darauf in die regionalen Frauennetzwerke gewandert. Hier herrscht eben eine straffe zentralistische Ordnung, damit alle möglichst zur gleichen Zeit die gleichen Inhalte erhalten und mit vereinten Kräften handeln können.

Bundesweit sind jetzt in der Frauenpolitik engagierte Frauen und Frauengruppen informiert, sie können also ihre Arbeitsinhalte entsprechend ausrichten. Der Autor dieser Expertise war wenige Monate vor meiner Abberufung Referent für knapp 40 Gleichstellungbeauftragte in Hannover. Dann war er Gast jener Frauen in Goslar, die sich gegen mich engagierten. Kurz nach meiner Abberufung weilte er dann auf der Landeskonferenz der Gleichstellungsbeauftragten in meinem Wohnort Braunschweig. Finanziert wurden seine Vorträge aus Steuermitteln, davon kann man wohl ausgehen.

Nach dem Vorwurf einiger Goslarer Frauen, ich wolle die Errungenschaften der Frauen abschaffen und ich sei rückwärtsgewandt, wurde nun der Versuch unternommen, mich gemeinsam mit anderen in die politisch rechte Ecke zu drängen. Es gab in Goslar Frauen, die wussten, dass ich mit diesen angeblich „bösen" Männerrechtlern, Männerbündlern und Maskulisten in Kontakt bin. Ich wiederum verstehe nicht, warum ich nicht mit Männern sprechen sollte, die sich auf unterschiedliche Weise für Männerrechte einsetzen. Der Autor der Expertise hält sich ja selbst in diesen Kreisen auf und er kennt Mitglieder dieser Vereine nicht nur vom Hörensagen. Niemand kommt auf die Idee, er könne „rechtsnationales Gedankengut" mit sich führen, weil er Kontakt mit diesen Menschen hat. Seine Expertise könnte sogar das Gegenteil dessen bewirken, was ihre Absicht ist. Sie könnte für Werbung für die „gegnerischen" Standpunkte sorgen und womöglich zu einer Verharmlosung des eigentlichen politischen Problems beitragen. Manchmal geht der Schuss ja nach hinten los.

Ich rede mit Frauen, die sich für Frauenrechte einsetzen und ich rede mit Männern, die sich für Männerrechte einsetzen. Das ist wichtig, um alte Positionen an neue Gegebenheiten eventuell anpassen zu können. Miteinander reden scheint mir für die gemeinsame Sache erfolgreicher, als übereinander (schlecht) zu reden.

In einer kleinen Runde von Gleichstellungsbeauftragten ging es einmal um das neue, bundesweite Programm zum Thema Gleichstellung. Die Bundesarbeitsgemeinschaft der Frauen- und Gleichstellungsbeauftragten (www.bag.de) informiert über die Landesarbeitsgemeinschaften alle etwa 800-900 kommunalen Frauen- und Gleichstellungsbeauftragten. So gelangt der Inhalt auch in die frauenpolitischen Netzwerke und wird mit Hilfe der angebotenen Materialien in vielen Orten bundesweit umgesetzt. Mir kommt es so vor, als wenn Innovationen von der Basis her kaum mehr möglich sind, wenn alles von oben nach unten durchgereicht wird. Es dürfte zumindest schwierig sein und es braucht einen langen Atem. Aber, vielleicht sehe ich das falsch?

„Älter, bunter, weiblicher" ist der aktuelle Slogan, der mit Hilfe von Steuermitteln in den Kommunen auf den demografischen Wandel und seine besonderen Herausforderungen oder

Vorzüge ausschließlich für „alte“ Frauen hinweisen soll. Ein Thema wird vorbereitet und alle machen mit. Das ist sehr effizient. Bin ich pessimistisch, wenn ich finde, dass es im Alter meist nicht „bunter“ wird, sondern kränker, verletzlicher und einsamer? Ist es falsch, wenn ich in diesem Kontext als Gleichstellungsbeauftragte auch an die Minderheit der Männer denke? Ich konnte mich mit diesem Slogan nicht anfreunden und habe das auch zum Ausdruck gebracht. Aber nun steht er ja bereits seit längerem fest, daran ist nicht mehr zu rütteln.

Ich habe in dieser Frauenrunde gesagt, dass wir in Deutschland im Kinderkriegen grottenschlecht seien. Diesen schönen Satz las ich einmal in der regionalen Zeitung, er gefällt mir. Prompt erwidert eine ehemalige Frauenbeauftragte es gäbe genug Kinder auf der Welt und hinter meiner Aussage stecke nationales Gedankengut. So weit sind wir schon, dass es als „national“ gilt, sich über Kinder zu freuen? „National“, liegt ja sehr dicht bei „rechtsnational“, deshalb habe ich den Vorwurf schnell von mir gewiesen. Vielleicht war es Absicht, mich auf diese Weise und in dieser Runde zu diskreditieren.

Wenige Wochen vor meiner Abberufung hat man dann in Goslar endlich einen „konkreten“ Ansatz gefunden, der mir als Gleichstellungsbeauftragter nun endgültig das Genick brechen sollte. Frauen, die auch in der „Initiative gute Gleichstellungsarbeit“ aktiv sind, bemühen sich in eine Ratssitzung und nehmen im Publikum Platz. Sie wollen die Bürgerfragestunde nutzen, um Ratsleute und Verwaltung darüber zu informieren, dass die Gleichstellungsbeauftragte der Stadt Goslar mit einer „dubiosen“ Internetseite verlinkt hätte. Die Frauen teilen mit, sie würden diese Internetseite, „Väternotruf“, problematisch finden, weil der Betreiber „rechtsnationales Gedankengut“ verbreiten würde. Die Gleichstellungsbeauftragte würde mit diesen Verlinkungen das Ansehen der Stadt Goslar schädigen. Außerdem würde auf dieser Internetseite für die Partei Die Piraten geworben werden, das sei nicht erlaubt!

So, oder so ähnlich wird es wohl vorgetragen worden sein. Ich weiß das nur vom Hörensagen, da ich diese Ratssitzung aus dienstlichen Gründen nicht besuchen konnte. Ich habe davon über Dritte erfahren. Im Einklang mit der Verwaltung habe ich den Link schnellstmöglich entfernen lassen. Mittlerweile war die Stimmung mir gegenüber so aufgeheizt, dass ich an dieser Stelle keine Gegenwehr aufbringen wollte. Dieses Scharmützel ließ ich über mich ergehen und versuchte mich für den Tag der Abberufung zu wappnen.

Die Partei Die Linke in Goslar hat im Rahmen einer bezahlten Zeitungsanzeige wenige Tage nach diesen erneuten Vorwürfen einiger Frauen auf der Rathausdiele gegen mich ebenfalls und öffentlich behauptet, ich würde rechtsnationales Gedankengut verbreiten.

Als Gleichstellungsbeauftragte hatte ich die Rubrik Gleichstellung der Stadt Goslar mit verschiedenen Angeboten für Frauen und verschiedenen Angeboten für Männer verlinkt. Auf der Homepage der Stadt steht, dass die Verwaltung natürlich keine Verantwortung für die Inhalte verlinkter Homepages übernimmt. Viele Homepages sichern sich so ab. Ich hatte also keine Bedenken, mit anderen Anbietern zu verlinken. Muss ich wirklich prüfen, ob eine verlinkte Internetseite moralisch in Ordnung und verfassungsrechtlich unbedenklich ist? Betreiber können ja jederzeit Änderungen vornehmen, da hätte ich wohl viel zu tun. Darf man mir bedenkenlos anlasten, wenn Dritte in ihren Internetbeiträgen möglicherweise die guten Sitten hintanstellen? Mir wurden Aussagen und Verhalten Dritter noch auf der besagten Ratssitzung am 17. Mai 2011, vorgeworfen. Ich sollte jetzt öffentlich dafür gerade stehen, mich distanzieren und mich sogar für Dritte, die ich überhaupt nicht persönlich kenne, entschuldigen. Mir kam das wirklich komisch vor.

Im zeitlichen Umfeld der Abberufung schauen viele Menschen, Gruppen und Vereine nach Goslar. Es wird beobachtet, was dort vor sich geht. Man tauscht Informationen zur Sache auch und wohl überwiegend im Internet aus. Bundesweit haben Menschen mit Entsetzen von den Vorgängen in Goslar Kenntnis genommen und kommentieren ihnen gemäß ihre Eindrücke. Für mich war deutlich eine Enttäuschung darüber zu spüren, dass eine Gleichstellungsbeauftragte, die sich auch für Männer einsetzt, tatsächlich abberufen werden soll.

Aus meiner Sicht ist mein Engagement für Männer das Hauptargument für meine Abberufung, selbst dann, wenn einige Frauen versuchen, andere Gründe in den Vordergrund zu schieben. Es war ja ebenfalls die Rede davon, dass meine angeblich fehlenden persönlichen Qualitäten ein Grund für die Abberufung seien. Die Frauen der „Initiative Gute Gleichstellungsarbeit" wurden in verschiedenen Zeitungen wörtlich zitiert, da heißt es dann: Ebeling sei nicht teamfähig und nicht kommunikationsfähig. Ihr würde es an Sachkenntnis mangeln und sie hätte ein zweifelhaftes Benehmen. Ebeling würde Frauenhetze betreiben und Falschdarstellungen verbreiten. Ihr sei der Fokus verrutscht und sie sei menschlich nicht zuverlässig. Auch würde sie anderen das Wort im Munde umdrehen. Mit ihr könne man einfach nicht reden.

Viel Feind, viel Ehr? Mir kommt es so vor, als wenn einige der Dinge, die ich vertrete, doch sehr richtig sein könnten, denn warum sonst haben einschlägig aktive Frauen und die sie unterstützende linke Politik sich so viel Mühe gegeben, mich loszuwerden?

Im Internet und unter meinen Unterstützern ging es seriös und weniger seriös zu. Manchmal sachlich und vorwurfsvoll, dann wieder betroffen und verärgert. In dem Artikel der Wochenzeitung *Die Zeit* mit dem Titel „Hexenverbrennung" heißt es: „Seither verfolgen Goslars Frauenpolitikerinnen mit wachsendem Entsetzen eine Internetdebatte, deren Gegenstand sie selbst sind und in der die ohnehin gewöhnungsbedürftige Tonlage dieses Mediums erkennbar verschärft wird durch biografische Verletzungen der Teilnehmer. Neues aus ‚Bitterfotzenhausen' solche Formulierungen lasten Monika Ebelings Kritikerinnen bedenkenlos ihrer moderat und sachlich formulierenden Gleichstellungsbeauftragten an."

Ich kann zu diesem Zeitpunkt nur noch versuchen, meinen in Goslar deutlich beschädigten Ruf einigermaßen zu retten. Das habe ich mit den mir als Gleichstellungsbeauftragter möglichen Mitteln gemacht. Ich gab eine Pressemitteilung heraus, trug eine Erklärung im Verwaltungsausschuss und einen kurzen Vortrag auf der Rathausdiele am Tage meiner Abberufung vor.

Für mich waren die Ereignisse in Goslar eine verfahrene und später unauflösbare Situation und es war über Monate auch ein Kampf an vielen Fronten. An einigen Stellen fühlte ich mich falsch verstanden und an anderen benutzt und für die Interessen Dritter instrumentalisiert. Ich hatte erhebliche Fluchtgedanken und musste doch stark bleiben und mich meinem Arbeitgeber gegenüber loyal verhalten. Das hat mich an einigen Stellen viel Überwindung gekostet und Stärke abverlangt. Insbesondere der Rückhalt, die Kraft und der Trost meines Mannes haben mir in dieser Zeit sehr geholfen.

Die mich unterstützenden Männer und Frauen hatten zum Zeitpunkt meiner Abberufung ein gemeinsames Ziel. Sie wollten, dass ich im Amt bleiben kann und mein Engagement für Jungen, Männer und Väter wertgeschätzt wird. Sie hofften, dass damit ein Damm brechen könnte und Gleichstellungsbeauftragte nun bundesweit ein größeres Engagement für Männeranliegen an den Tag legen würden.

Die unterschiedlichsten Einzelpersonen und Gruppen haben sich bundesweit mit meinem Anliegen solidarisiert. Im Internet wurde zu gemeinsamen Aktionen aufgerufen und es konnte eine erkleckliche Anzahl von Menschen mobilisiert werden, die alles Erdenkliche und ihnen Mögliche taten, um ihrem Wunsch, ich möge im Amt bleiben, Ausdruck zu verleihen. Diese Männer und Frauen sind nicht so wunderbar vernetzt und ausgestattet wie es Frauenrechtlerinnen und Frauennetzwerke sind, insofern war das Ergebnis wirklich beachtlich. An dieser Stelle möchte ich mich bei den Männern und Frauen bedanken, die sich damals für mich einsetzten.

Ich finde, man könnte tatsächlich von einer Bewegung sprechen, die dort erstmals sichtbar wurde. Das sind wohl überwiegend Männer gewesen, aber ich bin mir sicher, dass zu diesen Männern auch eine erhebliche Anzahl von Frauen gehört, die sich den Ideen und Gedanken ihrer Partner, ihrer Brüder oder ihrer Söhne aus Überzeugung anschließen.

Wenn es nicht gelingen sollte, mich im Amt zu halten, dann sollten aber wenigsten die Umstände und Argumente, die zu meiner Abberufung führten, der breiten Öffentlichkeit zugänglich werden. Einige dieser Leute nutzten deshalb ihre Pressekontakte. Sie wollten versuchen, Öffentlichkeit herzustellen. So ist die „Causa Goslar“ in Windeseile bundesweit bekannt geworden. Ich fand das richtig und gut gelungen. Alle Leitmedien haben über Goslar und die Abberufung der Gleichstellungsbeauftragten Monika Ebeling, oft nach einer persönlichen Recherche vor Ort und Gesprächen mit vielen Beteiligten, berichtet.

Man könnte also sagen, dass meine Abberufung als Gleichstellungsbeauftragte in der Stadt Goslar Gutes bewirkt hat. Neben der Werbung für die Kaiserstadt gab es eine Solidarisierung und Mobilisierung, die man „Bewegung“ nennen kann, und es wurde über die Anliegen von Jungen, Männern und Vätern bundesweit, auch in Leitmedien berichtet. Es war nach der Abberufung schnell die Rede von einem Phyrrussieg. Die ganze Angelegenheit so zu sehen, hilft mir insbesondere, die persönlichen Vorwürfe gegen mich zu verkraften.

Haben die an meiner Demontage Mitwirkenden und einige der Entscheidungsträger in Goslar wirklich geglaubt, mit meiner Abberufung sei dann „alles wieder gut“?

Es besteht heutzutage wirklich eine große Gefahr, dass Menschen, die aufgrund ihrer Erfahrungen, ihres Wissens, ihres Weltbildes und/oder aufgrund ihrer politischen Ausrichtung dem Mainstream nicht hinterherlaufen, ernste Probleme bekommen. Wenn sich ein Mensch dann falschen Tatsachenbehauptungen gegenüber sieht, ist es schwer, sich dagegen zu wehren – aber es ist möglich. Wer jedoch als rechtsnational verleumdet wird, sitzt in der Falle, denn dieser Vorwurf ist ein Totschlagargument. Ich hatte den Eindruck, dass das Zusammenspiel meiner Verleumder bis heute auf eine Art und Weise funktioniert, wie sie uns vom Mobbing bekannt ist.

Berechtigterweise gibt es in unserem Land eine Sensibilität im Hinblick auf rechtsnationales Gedankengut, Rechtsextremismus und Rechtsterrorismus. Jeder Fundamentalismus und Extremismus kann gefährlich werden. Ob links oder rechts, ob religiös motiviert, radikalfeministisch oder fundamentalistisch-frauenpolitisch. Es ist gut, wenn Menschen, die sich der Demokratie verpflichtet fühlen, hier aufmerksam sind. Es ist aber nicht gut, wenn einige Leute mit dem Vorwurf des Rechtsextremismus nur deshalb um sich werfen, um unliebsame Argumente zu untergraben, notwendige Debatten zu vermeiden oder (politische) Gegner aus dem Weg zu räumen.

Es ist doch bezeichnend, dass in meinem Fall gerade die Partei Die Linke in Goslar den Vorwurf, ich würde rechtsnationales Gedankengut verbreiten, so begierig aufgriff und geradezu in einen politischen Freudentaumel geriet. Verblüffenderweise folgten dem Ratsantrag Der Linken ausnahmslos die Ratsleute der SPD, der Grünen und der FDP. Vielleicht aus anderer Motivation, aber dennoch: Was für ein linker Erfolg!

Oder war meine Abberufung ein politisches und menschliches Desaster? Die Junge Union in Goslar befanden am Tag nach meiner Abberufung in der *GZ*, dass diese „ein schwerer Fehler" gewesen sei. Die Piratenpartei in der Region bemängelte in einer Pressemitteilung vor der Abberufung die fehlende Transparenz im Zusammenhang mit der Abberufung. Die Öffentlichkeit war ja weitgehend aus dem ganzen Verfahren ausgeschlossen und die Begründung ihres Antrages lieferte die Partei Die Linke in Goslar erst auf der besagten Ratssitzung. Selbst die Bürgerfragestunde kam zu spät. Erst nachdem der Tagesordnungspunkt „Abberufung der Gleichstellungsbeauftragten" erledigt war, konnten besorgte und engagierte Bürger zur Sache Fragen stellen.

Weil ich durch die Abberufung bundesweit bekannt geworden bin, habe ich mich auch weiterhin öffentlich geäußert. Mir kam es so vor, als wenn es ein öffentliches Interesse an den Goslarer Ereignissen gab.

Ich kann getrost sagen, dass mich jene Menschen, die mich in diesem Zusammenhang be- und verurteilten, nicht kennen. Mit den meisten dieser Leute habe ich nie ein persönliches Wort gesprochen. Auch jene, die mich mit rechtsnationalem Gedankengut in Verbindung bringen, kennen mich nicht persönlich. Sie haben mich niemals zur Sache befragt und sie sollten sich, erst recht wegen ihrer schlechten Recherche auch kein Urteil über meine Weltanschauung oder politische Haltung erlauben. Auf gar keinen Fall vertrete ich rechtsnationales Gedankengut!

In meiner Familie spielte der Zweite Weltkrieg eine große Rolle. Es gab persönliche Betroffenheit in den Familien meiner Eltern. Das ist an mir, bereits als Kind, nicht spurlos vorbeigegangen. Zwei meiner Onkel blieben im Krieg verschollen. Der Opa hatte zuvor bereits die Oma durch eine Krankheit verloren. Dann musste er die beiden älteren Söhne in den Krieg ziehen lassen und zu guter Letzt musste sogar mein Vater, knapp volljährig und kurz vor Kriegsende, in Richtung Ostfront. Seine beiden Brüder blieben in Russland – soweit man weiß. Die Fotos der beiden Soldaten hingen bis zum Tod meiner Eltern in deren Wohnzimmer. Zwei junge Männer in Wehrmachtsuniformen waren dort zu sehen. Mein Vater erzählte oft davon, dass er Glück gehabt hat. Weil der Krieg wenige Wochen nach seiner Einberufung zu Ende war, konnte er irgendwo im Osten umkehren und versuchte, so schnell es ging, wieder in sein Dorf zurückzukehren. Er hätte in russische Gefangenschaft geraten können, er hätte auch tot sein können. Was für ein Glück, dass er seine Heimat wieder sehen konnte.

Meine Mutter berichtete uns Kindern über ihren Vater, der im Dritten Reich als Sozialdemokrat im Ort bekannt war. Sie meinte, auch er hätte viel Glück gehabt. Seine politische Haltung verursachte die bekannten Probleme, er wurde von Nachbarn und „alten Freunden" angefeindet. Viele Genossen wurden damals verhaftet und gefoltert. Es hat mich beeindruckt, einen Mann in der Familie zu haben, der bis zuletzt, gegen den politischen Mainstream aber zu seiner eigenen politischen Gesinnung stand. In meiner Herkunftsfamilie wurde lange die SPD gewählt. „Die tun was für die kleinen und einfachen Leute", hieß es von meinen Eltern. In ihren letzten Lebensjahren sind meine Eltern nicht mehr zur Wahl gegangen. Ihre Enttäuschung war zu groß geworden.

Ich habe immer viel und gern gelesen. Bereits als Teenager beschäftigte ich mich auch mit Literatur, die sich mit dem Dritten Reich befasst. Die Lebensberichte von Menschen aus dem Warschauer Ghetto, von Widerstandskämpfern und Familien oder

Einzelpersonen, denen die Flucht aus Deutschland gelang, haben mich inspiriert, tiefer in die Thematik einzutauchen. Als junge Frau habe ich mich an die israelische Botschaft gewandt und um Informationsmaterial gebeten. Ich war auch eine Zeit lang Mitleserin der *Jüdischen Allgemeinen Wochenzeitung*. Schon sehr früh ist mir klar geworden, wie destruktiv und menschenverachtend die Politik der NSDAP war. Den Vierteiler „Holocaust" habe ich 1978/79 im deutschen Fernsehen verfolgt. Die Geschichte der Familie Weiß ist nachhaltig beeindruckend.

Ich las auch Bücher wie „Die Welle" von Thomas Rhue. Er beschreibt eindrucksvoll, wie schnell Menschen bereit sind, sich in faschistische Strukturen einzufügen und welche Gefahr da lauert. Dieser Film basiert auf dem oben genannten Roman. Es gibt so viele Möglichkeiten, sich mit den Greuel des NS-Regimes und den verheerenden Folgen des Zweiten Weltkrieges auseinanderzusetzen.

Natürlich lehne ich jedes totalitäre Herrschaftssystem ab, welches politisch anders denkende Menschen und Minderheiten verleumdet, ihnen ihre Bürgerrechte aberkennt, sie verfolgt, vertreibt, ihnen ihre Lebensexistenz nimmt, sie am Ende sogar ermordet.

Nach all dem, was ich über den Zweiten Weltkrieg weiß, distanziere ich mich nachdrücklich vom Rechtsnationalismus des Dritten Reichs und dem Nazitum der Neuzeit.

Ich bin in den letzten Monaten dünnhäutig geworden, mich rühren die vielen positiven Reaktionen, die ich auf meine Arbeit und auch nach der Abberufung erhalte. Bei einigen Sätzen, die mir Menschen schreiben, bekomme ich einen Kloß im Hals oder mir stehen gar die Tränen in den Augen. Das liegt wohl auch daran, dass ich zunehmend belastet bin. Da schreibt zum Beispiel jemand, ich sei „von unschätzbarem Wert", man findet meine Arbeit „fortschrittlich“. „Was ich von Ihnen lese geht runter wie Sahne“, formuliert es eine Frau. „Geben Sie nicht auf“, höre und lese ich immer wieder. Es gibt für mich und meine Positionen scheinbar eine bundesweite Unterstützung, jenseits des Mainstreams, die auch von meinen politischen oder persönlichen Gegnern zur Kenntnis genommen werden muss.

Antifeminismus?

Ich bin neugierig auf das Leben und gehe auf Menschen offen zu. Mir ist lange nicht bewusst, dass es irgendwie und von irgendwoher politische und menschliche Vorbehalte gegen verschiedene Gruppen oder Einzelpersonen gibt, mit denen ich Kontakt bekommen habe. Ich finde es einfach gut, dass sich Männer genauso wie Frauen für „ihre Rechte“ einsetzen, sich vernetzen und organisieren. Also lerne ich auch solche Menschen und Gruppen kennen, die von einigen anderen als politisch nicht korrekt beurteilt werden.

Ich bin eine Frau, die sich für ein faires Miteinander von Frauen und Männern einsetzt, ungewohnte Fragen zur Sache stellt und Spaß daran hat, Hypothesen zu formulieren. Statt einseitiger Monologe und der immer gleichen Argumente möchte ich eine lebendige Debatte führen und dabei Männer auf Augenhöhe mit einbeziehen. Sollte daran etwas verfassungsrechtlich Bedenkliches sein? Ist es nicht gerade ein Zuwachs an Demokratie in der Gleichstellungspolitik, sich in diesem Sinne zu engagieren?

Wenn ein besorgter, junger Diplomand irgendwo Rechtsextremismus zu entdecken glaubt, dann sollte er sich besser an den Verfassungsschutz oder an die Polizei wenden, anstatt eine Expertise zu schreiben.

Der links-feministische Mainstream nimmt, nicht erst in den Expertisen der Friedrich Ebert Stiftung und der Böll Stiftung, besorgt zur Kenntnis, dass sich Medien und die breite Öffentlichkeit für die gleichstellungspolitischen Anliegen der Männer und für ein „Anti" vor dem Feminismus zu interessieren beginnen. Man nimmt dort auch zur Kenntnis, dass sich Leute jenseits der eigenen Politik und Weltanschauung organisieren, solidarisieren und dass es ihnen sogar gelingt, sich zu mobilisieren. Das erscheint besorgniserregend zu sein, denn sonst würden die Autoren mit Hilfe von Stiftungsgeldern wohl nicht so wild um sich schlagen.

Am internationalen Frauentag 2012 sitzen die Frauen der Partei Die Linke ohne ihre Parteigenossen im Bundestag. Sie tragen lila Schals und haben „ihre Männer" ins Praktikum in sogenannte Frauenberufe geschickt. An meinem Wohnort gratuliert in der Fußgängerzone an einem Infostand zum Frauentag die Marxistisch-Leninistische Partei zum Frauentag und junge Männer wollen mit Passanten über die sogenannte „Lohndifferenz von 23 %" sowie die „internationale Solidarisierung für Frauen" ins Gespräch kommen. Das ist die Musik, die dem linksfeministischen Mainstream gefällt.

Auf der Bundeskonferenz der Frauen- und Gleichstellungsbeauftragten in Wuppertal 2010 beschwerten sich Rednerinnen mehrfach bei den anwesenden Teilnehmerinnen darüber, wie schlecht die Presse heute mit den Frauen umgehen würde und befand, dass es falsch sei und Tatsachen verdrehen würde, wenn die Medien nun Männer als Opfer darstellen. Wie so oft wurde das von den Rednerinnen damit begründet, dass es Frauen immer noch schwieriger hätten als Männer, die Gleichberechtigung der Frauen immer noch nicht erreicht sei und es noch viel zu tun gäbe. Für mich sind solche Sätze Teil einer stereotypen, jahrzehntealten und wenig hilfreichen Argumentationskette.

Keinesfalls belebt man damit die Diskussion. Im Gegenteil könnte die immer gleiche Argumentation einer weiblichen Diskursverweigerung gleichkommen.

Die Abwertung der Männer ist für Walter Hollstein der fragwürdige Erfolg des Feminimus. Hollstein, der unter anderem auch Mitbegründer der internationalen Arbeitsgemeinschaft für Männerforschung ist, schreibt in seinem Buch „Was vom Manne übrig blieb" (2008): „Der Radikalfeminismus zum Beispiel der lesbischen Bewegung und der Banalfeminismus, wie ihn etwa viele Frauenbüros und Frauenfunktionärinnen exerzierten, trieb die Kritik der Männlichkeit zur Demontage derselben". In der Zeitung *Die Welt* reagiert Hollstein bereits im Mai 2010 auf die Expertise aus dem Hause der Friedrich Ebert Stiftung. Er findet es falsch, Männerrechtler in den braunen Sumpf zu stecken. Kritik am Feminismus sei in jeder Hinsicht legitim, sie „mit dem perfiden Etikett ‚rechts' zu versehen bedeutet nicht nur den öffentlichen Aufruf zu einem Denkverbot, sondern ist darüber hinaus auch eine gefährliche Verniedlichung des wirklichen Rechtsextremismus", so Hollstein weiter.

Mir scheint es heute an der Zeit und gerade richtig, dem Feminismus gezielt Kritik und womöglich sogar ein „Anti" vorauszusetzen. Das wird helfen seine extremen und an mancher Stelle undemokratischen Positionen einzudämmen. Im Verlauf einer lebendigen, weil kontroversen Diskussion können dann neue und nachhaltige Positionen für Frauen und Männer erarbeitet werden. Das ist keinesfalls die Neuauflage eines Geschlechterkampfes, wie es ängstliche Retrofeministinnen vermuten, sondern kann eine friedliche Weiterentwicklung im Sinne eines kontinuierlichen Verbesserungsprozesses sein. Man müsste es nur wollen und allerorts so praktizieren. In Deutschland sind wir bei so vielen Themen „Anti", nur beim Feminismus geht das nicht? Nun reizt es mich gerade!

Ralph Bönt hat mit seinem Buch „Das entehrte Geschlecht" (2012) einen neuen Ton angeschlagen, denn der sei ehrlich und direkt, wie es in einer Rezension in der Wochenzeitung *Die Zeit* nach Erscheinen des Buchs heißt. Viele Männer erkennen die Forderungen, die sich aus der Frauenpolitik, der Frauenbewegung und dem Feminimus ergeben, formal an. Männer hätten aber kaum eigene Forderungen formuliert. Bönt wirbt nicht für mehr Gefühle beim Mann, wie es andernorts geschieht, er wirbt für Mitgefühl für den Mann, heißt es weiter.

Bönt ist am internationalen Frauentag in der Sendung „Kulturzeit" zu sehen und spricht über sein Buch. Er beschreibt die unbefriedigende Lage von Frauen und Männern und fordert kompromisslos die Befreiung des Mannes aus den engen Rollenzuschreibungen und einem ebensolchen Selbstverständnis. Sein Buch sei ein „notwendiges Manifest für den modernen Mann", heißt es im Untertitel. Der Mann müsse sich selbst fragen, was Mann-Sein für ihn bedeute. Männer müssten lernen, ihre Männlichkeit anzunehmen, das sei schwer für Jungen und Männer, denn wenn man mit Frauen aufwachse, baue man kein gutes Bild einer sozialen Maskulinität auf, so Bönt.

Ich denke, mit solchen Gedanken und Forderungen steht Bönt keinesfalls allein da, im Gegenteil sympathisieren Millionen Menschen mit solchen Gedanken. Es gibt seit einiger Zeit wirklich erfrischende Denkansätze für die sogenannte Geschlechterfrage, es wäre falsch, diese nicht aufzugreifen.

In der Expertise der Böll Stiftung ist auch die Rede davon, dass die als antifeministisch und rechtslastig identifizierten Menschen und Gruppen unter Homophobie, der Feindseligkeit gegen Schwule und Lesben und ihre Lebensweisen, leiden würden. Man unterstellt, ihre kritische Haltung gegenüber einer fundamentalistischen Frauenpolitik sei frauenfeindlich. Sogar angeblich rassistische Einstellungen hätte man unter diesen Menschen und Gruppen ausfindig gemacht. Es wird unter den so Diffamierten eine kriegerische Männlichkeit vermutet und es ist natürlich von Berührungspunkten auch zum Rechtsextremismus die Rede. Der Autor treibt es auf die Spitze, wenn er formuliert: „Auch vom norwegischen Massenmörder Anders Berhing Breivik distanziert sich diese Gruppe kaum.“ Hier wird mit Kanonen auf Spatzen geschossen, warum? Es gibt Grenzen im Umgang mit vermeintlichen „Gegnern“. Diese Grenze sehe ich nicht erst hier deutlich überschritten.

Zwischen all dem stehen dann irgendwo und irgendwie, unreflektiert und schlecht recherchiert, mein Name und einige Auszüge meiner Geschichte.

Den sogenannten „Antifeministen und rechtslastigen Männerrechtlern“ ginge es um „Hasspropaganda“, heißt es weiter, und diese Leute seien sogar selbst männerfeindlich, denn sie würden die sogenannte „emanzipatorische Männerbewegung“ ablehnen. (Es gibt also bereits eine Männerbewegung?) Zur sogenannten „emanzipatorischen Männerbewegung“ zählen sich jene Männer, die dem Feminismus uneingeschränkt die Stange halten. Kann ein Mann aber eigene Forderungen selbstbestimmt formulieren, wenn diese stets zuerst durch das feministische Raster passen müssen? Ich wage das zu bezweifeln. Auf mich wirken solche Männer irgendwie anlehnungsbedürftig und schwach.

Es wird in der Expertise durchaus eingeräumt, dass die Mehrheit der Männer in Deutschland verunsichert sei, aber bei der „Antifeministischen Männerrechtsbewegung“ handele es sich um „den frustrierten Teil der teiltraditionellen Männer“ und die kleine Gruppe der „Lifestyle Machos“. „Konstruktive Debatten“ seien mit denen nicht möglich. Ich fände es jedoch spannend, sich mit diesen Vorstellungen über Männer und Männlichkeit einmal näher zu befassen. Buhlen da sogenannte „Weicheier“ mit den übrig gebliebenen „Machos“?

Diskursverweigerung scheint mir eine Taktik vieler Frauen zu sein, zum Beispiel um den Vater des Kindes loszuwerden, und anschließend „gehört" das Kind dann der Mutter. Kinder gehören aber niemandem, schreibt Prof. Dr. Heinrich Kupffer in einem Artikel in *Kinderschutz aktuell* (KSA), der Zeitschrift des Deutschen Kinderschutzbundes. Kupffer war 25 Jahre lang Chefredakteur dieser Verbandszeitung.

Wieso schlage ich jetzt eine Brücke in die sogenannte Väterthematik? Kupffer ist Professor der Sozialpädagogik und hat 1974 den Begriff der Antipädagogik geprägt, mit dem er die Herrschaftsverhältnisse zwischen Erziehern und Zöglingen in Frage stellt. Er fordert mit dem „Anti" insbesondere einen achtungsvollen Umgang miteinander. Achtungsvoll geht es zwischen Männern und Frauen seit Jahrzehnten oft nicht zu. In diesem Bild gesprochen, darf ich getrost immer dann eine „antifeministische" Haltung einnehmen, wenn es hierarchisch und wenig achtungsvoll zwischen Frauen und Männern zugeht.

In diesem Sinne reizt mich der Gedankenaustausch mit Menschen, die man Antifeministen nennt, oder die sich selbst so nennen. Mit dem Wunsch eines Dialoges stehe ich wohl nicht allein da. Marcus Theunert, Präsident von *Männer.ch*, war ebenfalls auf dem Antifeministentreffen in der Schweiz, auf dem auch ich einen Vortrag hielt. Theunert ist seit 2007 auch Mitglied der Eidgenössischen Kommission für Frauenfragen, der für Frauen- und Gleichstellungspolitik zuständigen außerparlamentarischen Kommission des Bundesrates in der Schweiz. Seit Neuestem ist er zudem Männerbeauftragter der Schweiz. Das klingt mir nicht gerade nach einem ausgewiesenen Männerrechtler mit antifeministischen Allüren. Genau wie ich vertrat Theunert in seinem Vortrag eine moderate Position und versuchte einen Dialog mit den sogenannten Antifeministen. Ich finde das gut und richtig. Theunert ist seit Neuestem der erste Männerbeauftragte in der Schweiz und für den Kanton Zürich zuständig.

Bundesministerin Schröder verteidigt im Bundestag am Internationalen Frauentag 2012 ihre Gleichstellungspolitik. Durch die öffentliche Diskussion sei „eine Menge in Bewegung gekommen", sagt sie. Ich finde, es ist gerade diese „Bewegung", die wir brauchen, wenn wir der Einseitigkeit, der Ideologiesierung und dem Extremismus in der Sache entgegentreten wollen. Diese Bewegung muss aus der Mitte kommen, die Menschen mitnehmen und keine bestimmte Politik verteidigen. Es muss eine Bewegung sein, die sich den Menschenrechten von Kindern, Frauen und Männern verpflichtet fühlt – auch und gerade im Kontext der Gleichstellungspolitik. Und ich würde hinzufügen: auch in der Familienpolitik!

„Die" Männerbewegung

Einen wichtigen Anteil an dieser von Schröder benannten öffentlichen Diskussion haben unterschiedliche Frauen, Männer und Gruppen, die teilweise bereits seit Jahren oder Jahrzehnten in der Sache aktiv sind. Ich erinnere mich daran, dass Tim Rohrmann, ein ausgewiesener Fachmann der Jungen- und Männerarbeit, auf einer Fachtagung „Männer in Kitas" davon berichtet, dass er vor Jahren bundesweit nur eine Handvoll Männer zu einer Fachtagung zusammenbringen konnte. Er setzt sich mit Jungen- und Männerarbeit bereits seit Jahrzehnten auseinander. Er war sogar einmal zu einem Vortrag in Goslar Jerstedt, dort, wo ich als Kita-Leitung arbeitete. Was er damals vortrug, klang für manche Ohren noch exotisch.

Heute sprechen wir von den „neuen Vätern", die sich für ihre Kinder und in der Familienarbeit engagieren und zunehmend auch mehr Elternzeit nehmen. Es gibt seit einiger Zeit eine bundesweite Initiative „Männer in Kitas". Fachtagungen, die sich mit Jungen, Männern oder Vätern auseinandersetzen, treffen heute auf weit mehr Akzeptanz und Resonanz, als es noch vor zwanzig Jahren der Fall war. Alles ist im Wandel, das müssen auch jene wahrnehmen, die versuchen alte frauenpolitische oder feministische Standpunkte ins 21. Jahrhundert hinüber zu retten und die die notwendige Selbstbestimmung des Mannes unterminieren.

Es gibt wie in der Frauenbewegung auch unter den Männern Pioniere, Vorreiter und Wegbereiter. Manche davon darf man getrost widersprüchlich beurteilen. Bei den Frauen waren es zum Beispiel Suffragetten, überwiegend Frauen aus dem Bürgertum, die Schwung in das Thema brachten. Sie haben sich Anfang des letzten Jahrhunderts, mit passivem Widerstand, durch die Störung offizieller Veranstaltungen und mit dem Mittel des Hungerstreiks für das Wahlrecht von Frauen eingesetzt. Sie wollten die Gesetze im Land nicht anerkennen, denn sie meinten, diese würden für sie nicht gelten können, da sie das Wahlrecht nicht hätten. Diese Damen gingen bei ihrem Protest keineswegs zimperlich vor.

In dem, was manche Männer heute tun oder formulieren, entdecke ich Gemeinsamkeiten mit den Suffragetten. Erst kürzlich ging ein Vater in Hannover öffentlich in den Hungerstreik. Ein mir bekannter Mann will nicht mehr Teil dieses Rechtssystems sein, weil er sich als Bürger zweiter Klasse fühlt. Er hat seinen Personalausweis abgegeben. Stören tun manche Männerrechtler wohl auch, denn sie legen den Finger in die gleichstellungspolitischen Wunden der vergangenen Jahre.

Man könnte die männlichen Pioniere einer „Männerbewegung“ durchaus einmal positiv hervorheben. Man könnte öffentlich wertschätzen, dass es bei den Männern Vorreiter und Aktivisten gibt, die sich für die Rechte der Männer einsetzen und damit vielleicht sogar eine Männerbewegung etablieren. Ich bin allerdings nicht die geeignete Person dafür, an dieser Stelle Namen zu nennen. Mir ist die Geschichte der „Männerbewegung" zu wenig bekannt und ich kann die Leistungen einzelner Männer in diesen Gesamtkontext nicht einordnen.

Vielleicht müssen wir eine Männerbewegung ja auch erst einmal verifizieren? Vielleicht gibt es keine „Geschichte der Männerbewegung", weil sich die Männerbewegung bisher von den Kinderschuhen nicht befreien konnte? Vielleicht wird sie auch gezielt am Wachsen gehindert? Vielleicht ist das, was man Männerbewegung nennen könnte, unter dem Eifer und dem übermäßigen Einsatz bewegter Frauen begraben?

Die in der Expertise der Friedrich Ebert Stiftung diskreditierten Vereine Väteraufbruch, MANNdat und Agens sind nur einige von vielen Vereinen und Gruppen, die in der Männerthematik aktiv sind. Die in der Expertise „verbrannten" prominenten Akteure reihen sich in die Gruppe sogenannter Männerrechtler ein, mit denen sich unsere Gesellschaft bisher kaum befasst hat. Sie setzen sich, wie viele, für Männer ein und werden in diesen beiden Expertisen doch zu Gegnern stilisiert. Nach Aufnahme des Väteraufbruchs in das Bundesforum Männer gehört dieser Verein in der Expertise der Böll Stiftung nun nicht mehr zu den politisch „Geächteten", er ist legitimiert. So wird fix aus dem vermeintlichen Feind ein Freund.

Die Expertise der Böll Stiftung beschränkt sich nun darauf, MANNdat und Agens zu ächten. Sie wiederholt Namen aus der Expertise der Friedrich Ebert Stiftung, fügt aber auch ein paar neue hinzu. MANNdat und Agens haben, soweit ich weiß, Kontakt zum Bundesforum Männer aufgenommen und sich mit den geforderten Bedingungen einer Mitgliedschaft auseinandergesetzt.

Ich fand es komisch, dass es hier irgendwie Vorbehalte gibt. Im Frauenrat sind doch ebenfalls die unterschiedlichsten Vereine und Gruppen organisiert, teilweise widersprechen sie sich inhaltlich oder in ihrer Ausrichtung. Das ist ein Spiegel der Gesellschaft, so sollte es auch im Bundesforum Männer sein. Es sollte aber ein fairer und demokratischer Umgang gepflegt werden. Ich möchte alle Männer ermutigen: Kämpft nicht gegeneinander, verbrüdert euch. Verhaltet euch doch nicht wie Kain und Abel!

Diese beiden Expertisen sind einer „Männerbewegung" meines Erachtens nicht hilfreich. Sie erscheinen mir nicht nur hinderlich, sondern kommen mir vor wie politisch gezielt gesetzte Attacken, um andere politische und gesellschaftliche Strömungen in dieser Angelegenheit außer Gefecht zu setzen.

Wenn eine Männerbewegung eine Ikone, eine Frontfrau oder eine Galionsfigur brauchen sollte, dann sollte sie sich darum bemühen, eine solche Figur aufzubauen. Ich wurde auf der Rathausdiele in Goslar von einer kommunalen Frauenpolitikerin „Ikone der Väterbewegung" genannt. Eine Auszeichnung? Nun versucht die Expertise der Böll Stiftung mich zwischen die Fronten von Männergruppen zu schicken, indem sie mich explizit nennt und bezichtigt. Soll ich dort zermahlen werden, nur, weil mich die Argumente und Umstände der Abberufung als Gleichstellungsbeauftragte prominent gemacht haben? Womöglich geht auch dieser Schuss nach hinten los. Auf jeden Fall fehlt es an anerkannten Leitfiguren für eine solche Bewegung, obwohl es meines Erachtens potente Akteure gibt.

Ich habe, unter anderem, mit den drei diskreditierten Vereinen Kontakt und kenne etliche Mitglieder zwischenzeitlich persönlich. Das sind aber nur einige von vielen meiner bundesweiten Kontakte mit Frauen und Männern. Mich auf meinen Austausch mit den Vereinen Agens e.V. oder MANNdat e.V. zu beschränken, passt gut ins Konzept und in den Schlachtplan derjenigen, die das tun. Ich finde die diskreditierten Männer und Gruppen moderat und Männerrechtler nicht halb so radikal, wie ich es aus der Frauenbewegung kenne. In meinem Leben bin ich mit wirklich radikalen Positionen von Frauenrechtlerinnen konfrontiert worden. Exemplarisch beschreibe ich einmal zwei davon:

„Wenn wir wirklich wollen, dass es unsere Töchter einmal leichter haben, müssen wir es unseren Söhnen schwer machen", heißt es zum Beispiel in der Zeitschrift *Emma* (1986, Heft 2 S. 56 ff). Ihr Sohn, schreibt die Autorin weiter, sei „im wahrsten Sinne des Wortes ein ‚verunsichertes' Kind." Er hätte spätestens bereits als Dreijähriger Mackerverhalten gezeigt. Wenn wir Männermacht bekämpfen würden, dann könnten wir doch nicht die Augen vor den eigenen Söhnen verschließen, findet sie. Der Junge hätte Entwicklungsstörungen gezeigt und ihm ginge es schlechter als seinen Schwestern, teilt sie ebenfalls mit, aber das müsse so sein, denn der Junge müsse auf die Privilegien der Männerwelt verzichten. Der Junge müsse ein Versager in der Männerwelt werden. „Die Entwicklung des Sohnes zum Mann bedroht mich existenziell", schreibt die Autorin, die ihren wirklichen Namen nicht nennen will, sich stattdessen Maria Magdalena Rousseau nennt. Rousseau gilt als ein geistiger Wegbereiter der französischen Revolution und sein Einfluss auf die Pädagogik ist legendär. Doch was die Autorin an Pädagogik betreibt, ist skandalös.

Sie begründet ihr Synonym damit, dass sie wisse, was „alleinerziehenden Müttern, die ‚geschädigte' Söhne erziehen und lauthals verkünden, dies sei feministisch und Absicht" blühen kann. Sie wolle doch ihr Sorgerecht behalten! Lieber gar nicht da sein, als immer da sein – das wäre doch mal eine Veränderung, bei der Töchter und Söhne etwas lernen könnten, schreibt sie auch noch. Mir kommt es so vor, als könnte sich eine derart menschlich und pädagogisch infame Haltung von Frauen gegenüber Jungen in unserer Gesellschaft mancherorts manifestiert haben.

Ähnlich radikal und skandalös ist die Resonanz der *Emma* auf ein Ereignis, das 1993 stattfand. Da erlangt Lorena Bobbit fragwürdige Berühmtheit, weil sie ihrem Mann im Schlaf den Penis abschnitt. Die Ikone der Frauenbewegung Alice Schwarzer erklärte daraufhin in ihrer Zeitschrift *Emma*, Bobbit hätte ihren Mann entwaffnet, eine hätte es getan, nun könne es jede tun, der Damm sei gebrochen, Gewalt für Frauen kein Tabu mehr, es könne zurückgeschlagen werden. „Endlich". (*Emma* 1994). Selbst vor dieser „Schwanz-ab-Mentalität" ist das feministische Sprachrohr nicht zurückgeschreckt. Auch diese Haltung könnte sich meines Erachtens in manchen gesellschaftlichen Kontexten nachhaltig Raum verschafft haben. Mir kommt es so vor, als wenn solche und ähnlich extreme und radikale Positionen der Frauenbewegung und des Feminismus heute noch nachwirken und ihr Unwesen in Individuen und Gruppen treiben könnten. Für das männliche Kind und den Mann dürfte das traumatisch sein.

In meinem Leben und als Gleichstellungsbeauftragte war ich Mitglied verschiedener einschlägiger Frauengruppen und Frauenvereine. Mich interessiert, wie andere Frauen denken, leben und in der Sache diskutieren. Heute interessiert mich auch, was Männer denken, wie sie leben und wie sie in der Sache diskutieren. Männer erlebe ich in diesen Zusammenhängen als zunehmend gesprächsbereit. Für mich ist das inhaltlich und fachlich ein Gewinn und menschlich eine Bereicherung.

Als Gleichstellungsbeauftragte wollte ich als Fachfrau und Mensch bei den Männern dichter dran sein. Deshalb habe ich einschlägige Veranstaltungen besucht und den Kontaktanfragen von Männern entsprochen. Ein Kontakt ergab sich nach der Lektüre auch mit einem der Herausgeber des Buches „Befreiungsbewegung für Männer" und einigen der dort veröffentlichenden Autoren.

Ich erfuhr, dass sich aus dem Buch heraus ein Verein entwickelte hatte, der sich Agens (lat. das Tuende) nennen würde. Da habe ich eine Mitgliederversammlung besucht, um mir einen Eindruck zu verschaffen. Mir kam es überhaupt nicht problematisch oder riskant vor, dort Mitglied zu werden. Ich hatte Lust, die Dinge, mit denen ich konform gehen kann, zu unterstützen und im Verein meinen frauenpolitischen Einfluss geltend zu machen.

Ich fand die Diskussionen und Ideen, die wir dort austauschten belebend und teilweise erfrischend innovativ. Dadurch bekam ich einen tieferen Einblick und konnte mir auch besser erklären, was heute bundesweit und auch im Zuge meiner Abberufung in Goslar geschieht.

Als ich merkte, wie massiv ich im Jahr meiner Abberufung in Goslar geschädigt wurde, und fühlte, dass gewisse Leute keine Ruhe geben würden, sondern sogar nachtreten würden, da habe ich auf unterschiedlichen Ebenen Konsequenzen gezogen. Ich habe zum Beispiel versucht, meinen Abgang in Goslar, was mich betrifft, so würdevoll wie möglich zu gestalten. Es war mir ein Anliegen, dem öffentlichen Interesse an den Ereignissen, die zu meiner Abberufung führten, so gut ich konnte gerecht zu werden. Es war mir wichtig, meine Wochenarbeitszeit zu reduzieren, damit ich wieder zu Kräften komme. Einen Monat Sonderurlaub gönnte ich mir im Sommer 2011 ebenfalls. Ich drohte meinem Mann an, nun aus der SPD auszutreten, obwohl ich doch just zu dem Zeitpunkt als Kandidat der SPD für die anstehende Kommunalwahl auf der Liste stand. Goslar wollte ich am liebsten sofort und ganz den Rücken kehren, weil ich mich dort derart abgewertet fühlte. Das habe ich dann, auf Anraten Dritter, vorerst noch nicht gemacht. Ich trat aus dem Verein Agens aus, weil mein Engagement überparteilich und an keine Vereinszugehörigkeit gebunden ist.

Ich weiß, dass es richtig war, diese Schritte zu tun, denn ich musste mich in vielerlei Hinsicht dringend entlasten und das

Neue an meiner Situation ausloten. Ich ahnte, dass die Abberufung in Goslar für mich kein Abschluss, sondern der Anfang von etwas Neuem sein könnte.

In der zweiten Jahreshälfte 2011 eskalieren die Umstände erneut, auch durch Zutun und Unterlassen einiger Menschen im Nahraum meines Arbeitsplatzes und Dienstortes. Ich fühle mich ab Beginn des Kindergartenjahres bald auch an meinem Arbeitsplatz gemobbt und für politische Zwecke instrumentalisiert. Die Kommunalwahl steht an. Die FDP in Goslar braucht wohl ein Wahlkampfthema und sucht ausgerechnet mich aus. Es wurden mir gegenüber beruflich, persönlich, medial und politisch erneut Grenzen überschritten. Ein Ratsantrag der FDP nach der Sommerpause gibt den Ausschlag. „Ebeling spaltet Jerstedt“, heißt es bald in der regionalen Presse und man lässt wiederholt alle möglichen Leute zu Wort kommen, die etwas gegen mich vorzutragen hatten. Meine Meinung wird auch in diesem Fall nicht eingeholt. Gegenwehr ist unerwünscht und scheint zwecklos. Ich soll einfach verschwinden, damit das Kleinstadtidyll wieder zur Ruhe kommt.

Das war noch einmal wirklich hart für mich und führte zu erheblichen gesundheitlichen Beeinträchtigungen, die bis heute anhalten. Ungefähr fünfzehn Beiträge in der *Goslarschen Zeitung* befassen sich mit mir. Das alles kannte ich ja bereits aus der Zeit vor meiner Abberufung, aber so etwas braucht man wirklich nicht zweimal innerhalb eines Jahres.

Als dann Anfang 2012 die Expertise der Böll Stiftung erschien, bestätigte das noch einmal die Richtigkeit meiner Entscheidungen im Sommer 2011. Der junge Autor macht mir darin die Zugehörigkeit zum Verein Agens zum Vorwurf. Mein Engagement in der Sache ist aber weder an einen Verein noch an eine politische Partei gebunden. Für mich steht ein menschliches Anliegen im Mittelpunkt.

Mittlerweile gibt es eine breite Öffentlichkeit, die sich für einen gleichstellungspolitischen Diskurs jenseits des bisherigen Mainstreams einsetzt und sich bessere Spielregeln für den Dialog der Geschlechter auf Augenhöhe wünscht.

Meine (politische) Gesinnung

In meinem Studium haben wir uns in einem Seminar einmal mit den verschiedenen Rollen, die Menschen einnehmen, beschäftigt. Wir stellten fest, dass es eine Chance aber auch eine Schwierigkeit der Neuzeit ist, dass die Rollen und Rollenzuweisungen nicht mehr so klar und eindeutig sind, wie sie es früher einmal waren. Heute pendeln wir zwischen den unterschiedlichsten Rollenvorstellungen hin und her. Die meisten finden das tolerant und weltoffen, andere fühlen sich überfordert. Manche Menschen fühlen sich zu verschiedenen Zeiten in verschiedenen Rollen zu Hause. Diese Rollen können inhaltlich sogar gegenläufig sein. Für mich grenzt diese riesige Wahlfreiheit manchmal an Beliebigkeit. Wer Werte und Traditionen hochhält, gilt bereits als rückständig, das finde ich fatal.

Solche Verwischungen kann man auch im politischen Raum sehr schön wahrnehmen. Als die Partei die Grünen entstand, hatten sie mit ihren Inhalten noch Alleinstellungsmerkmal und ihre Vertreter muteten exotisch an. Heute fühlt sich jede Partei irgendwie sogenannter Grüner Politik verpflichtet.

Der Wandel ist rasant. Globalisierung und Medien eröffnen ungeahnte Welten, Einblicke, Kontakte und Möglichkeiten. Auch das wirkt in die Vorstellungen der Menschen hinein. Es wird zu einer Herausforderung, sich zu positionieren. Deshalb fällt es mir nicht leicht, mich einem Weltbild oder einer Politik zuzuordnen.

Mich haben in meinem Elternhaus insbesondere der christliche und der sozialdemokratische Gedanke geprägt. Als Säugling war ich einmal lebensbedrohlich erkrankt. Meine Eltern entschlossen sich zu einer Nottaufe. Ihnen war der christliche Glaube wichtig. Als Kind sprach ich mein Abendgebet und ging mit meinen Eltern in die Kirche. Ich war Konfirmandin und habe Kindergottesdienste mitgestaltet. Als junge Frau habe ich meinen christlichen Glauben dann noch einmal in der Erwachsenentaufe und der Mitgliedschaft in einer freien evangelischen Gemeinde bekräftigt. Mit der Bibel und den Religionen kenne ich mich ziemlich gut aus. Der christliche Glaube steht in meinem religiösen Mittelpunkt, aber persönlich kann ich einigen anderen Glaubensrichtungen durchaus auch etwas abgewinnen.

Als junge Frau bin ich Ende der 1980er auch Mitglied in der SPD geworden, habe eine SPD Frauengruppe geleitet und mich in die kommunale Politik einer kleinen Samtgemeinde eingebracht. An Treffen der Arbeitsgemeinschaft sozialdemokratischer Frauen nahm ich natürlich auch teil. Es war mir nur schwer möglich, in der Politik wirklich Fuß zu fassen und Parteiämter einzunehmen. Entweder stand ein erneuter Umzug an, oder es gab Kinder im Haushalt, die versorgt werden mussten. Das hatte für mich damals Vorrang.

Es war für mich fast logisch, dass ich mich als junge Frau bewusst für einen sozialen Beruf entschieden habe. Nachdem ich in die öffentliche Verwaltung hinein geschnuppert hatte, wollte ich Sozialarbeit studieren. Ich heiratete nach heutigem Verständnis sehr jung und bekam auch früh mein erstes Kind, das habe ich bewusst so gewollt. In den ersten Jahren orientierte sich mein Berufsleben an den familiären Gegebenheiten, später lief das genau andersherum. Das Studium nahm ich erst mit Mitte Zwanzig auf, als die Kinder gerade eingeschult wurden.

Ich war immer auch ein Querdenker, wissbegierig und weltoffen, neugierig auf das Leben und die Menschen. Mir machen kontroverse Diskussionen Spaß. Wie werden andere auf diese oder jene Argumente reagieren? Etwas provokant zu formulieren reizt mich, aber nur in der Sache, nicht, um Dritte zu beleidigen oder zu verletzen. Ich stelle gern unbequeme Fragen. Ich respektiere Ämter, aber ich sehe in ihren Eignern auch einfach nur Menschen, wie ich selbst einer bin.

Als ich meine Zusatzqualifikation zur systemischen Familientherapeutin absolviere, eröffnet mir das noch einmal neue Denk- und Handlungsstrategien, die ich in mein Leben und meine Arbeit integrieren kann. Man muss die Dinge von vielen verschiedenen Seiten aus betrachten, nicht auf seiner subjektiven Wahrheit beharren, sondern andere Wahrnehmungen gelten lassen. Es ist hilfreich zu versuchen, die Metaebene einzunehmen, dann kommt man raus aus einer kleinlichen, selbstverliebten Denke. Es ist spannend, nicht nur eine sondern viele Positionen einzubeziehen und aus diesem Fundus zu schöpfen.

Vielleicht könnte man auch sagen, ich sei liberal. Nicht im politischen Sinne, aber mich prägt ein freies Denken. Ich erlege mir selbst keine Denkverbote auf und will diese auch nicht durch andere aufgezwungen bekommen. Außerdem habe ich eine blühende Fantasie, die es mir erlaubt, mir alles Mögliche bildlich auszumalen.

In meinem Leben habe ich oft erlebt, dass Dinge, die mir schmerzlich widerfuhren, am Ende doch einen tieferen Sinn ergaben und gute Wirkungen in meinem Leben erzielten. Ich habe so etwas wie ein Urvertrauen ins Leben. ‚Das ruckelt sich“, sage ich manchmal.

4. Gleichberechtigung: Frauen

Stand der Dinge

Frauen sind auch nur Menschen und als solche können sie benachteiligt und herabgewürdigt werden. Diese Diskriminierung wird heute niemand bestreiten, im Gegenteil ist das Gros der Menschen hierfür sensibilisiert. Eine gut vernetzte Lobbyarbeit für Frauen ist vorhanden und durchdringt alle Ebenen der Gesellschaft.

In den Frauennetzwerken heißt es oft, jede vierte Frau hätte Gewalterfahrungen, Frauen würden weniger Geld für gleiche Arbeit bekommen und Frauen würden gegen die gläserne Decke stoßen, hinter der es sich mächtige und finanzkräftige Männer gut gehen ließen. Man propagiert ebenfalls, Frauen würden mit der Kindererziehung und der Familienarbeit weitestgehend allein dastehen und nicht erst als Alleinerziehende erhebliche Probleme damit haben, Familie und Beruf unter einen Hut zu bringen. Diese Slogans greifen komplexe Themenbereiche nur stichwortartig auf.

Ich kritisiere, dass die Frauennetzwerke nicht bereit sind, ihre Forderungen inhaltlich zu aktualisieren und gesellschaftliche Veränderungen und vorhandene wissenschaftliche Ergebnisse mit einfließen zu lassen. Man verweigert sich damit dem gleichstellungspolitischen Wandel. Es ist doch frappierend, dass die Wortführerinnen solcher Inhalte überwiegend fundamentalistisch ausgerichtete Frauennetzwerkerinnen sind. Sie sitzen häufig – als Auswirkung von vierzig Jahren Frauenbewegung – auf wichtigen Positionen und sind Entscheidungsträgerinnen, denen manch einer blind vertraut, weil sie sich in der Sache als Expertinnen ausgeben. An diesen „Geschlechterkämpferinnen“

kommt man oft nicht vorbei. Das macht sie mancherorts zu Verhinderern, die gute gleichstellungspolitische Entwicklungen tatkräftig ausbremsen.

Aber was ich ebenfalls deutlich kritisiere ist, dass viele Frauennetzwerke Argumente radikal-feministischer Aktivistinnen propagieren, deren Denken und Handeln oft zu Lasten von Kindern und Männern gehen. Fast ausschließlich stehen für sie die Vorteile für Frauen im Mittelpunkt.

Häusliche Gewalt

Die *Bild am Sonntag* berichtet am 26.2.2012 in dem Artikel „Von der Liebe geschlagen" darüber, dass 2012 in Berlin 15. 972 Fälle häuslicher Gewalt registriert worden seien. Unter den Opfern waren 76,6 % weiblich und 24,4 % männlich. Die bestehenden Angebote müssen, nicht nur in Berlin, unbedingt dem Bedarf angepasst werden.

Mit der Aussage, jede vierte Frau sei von Gewalt durch einen Mann betroffen, schafft man eine Dramatik, welche der eigenen Lobbyarbeit dient. Die wenigsten weiblichen Lobbyisten sprechen im Kontext häuslicher Gewalt auch von der Gewalt von Frauen gegen Kinder. Kaum eine dieser Frauen macht sich die Mühe, das von weiblichen Ideologen aufgebaute Feindbild „Mann", in Frage zu stellen. Im Gegenteil steht dieses Feindbild im Zentrum der Ideologie.

Equal Pay

Unsere Arbeitswelt wird bereits seit den 1970ern durch Tarifverträge geregelt. Es ist davon auszugehen, dass Arbeitnehmer den gleichen Lohn für gleiche Arbeit bekommen. Tarifverträge, die Stundenlöhne für Männer anders ausweisen als für Frauen, wären ein Skandal und rechtlich unhaltbar.

In der *Braunschweiger Zeitung* vom 15.11.2010 heißt es in dem Artikel „Warum Frauen weniger verdienen": „Der ‚echte' Lohnabstand zwischen erwerbstätigen Männern und Frauen betrug in Deutschland im Jahr 2008 knapp 13 Prozent. Zu diesem Ergebnis kommt das Institut der deutschen Wirtschaft Köln." Und weiter: „Im Jahr 2006 betrug die bereinigte Lohnlücke zwischen Männern und Frauen 8 Prozent. Wahrscheinlich war die bereinigte Lohndifferenz sogar geringer, denn das Statistische Bundesamt hat bei seinen Berechnungen nicht alle relevanten Einflussfaktoren berücksichtigen können – so fehlten etwa die Daten zu Erwerbsunterbrechungen von Frauen und Männern."

Für diesen Lohnunterschied gibt es gute Gründe: Frauen arbeiten seltener in Berufen, bei denen es Schmutz-, Lärm- oder Gefahrenzulagen gibt, und sie arbeiten wenig in Schichtarbeit. Frauen sind seltener in gut bezahlten technischen Berufen tätig, sie leisten vergleichsweise weniger Überstunden, sie bleiben einem Arbeitgeber häufig nicht so lange treu wie ihre Kollegen. Esther Vilar (Der dressierte Mann, 1987) behauptet, Männer würden aufgrund ihrer beruflichen Belastungen früher sterben. Darf man jetzt den Schluss ziehen, dass sich in dem Moment, in dem wir Lohngleichheit erzielen, das durchschnittliche Lebensalter von Frauen dem der Männer annähert?

Gläserne Decke

Ich mag dieses Bild der gläsernen Decke überhaupt nicht. Sollte es dieses Glas geben, dann behaupte ich, jede Frau ist in der Lage, den Nothammer zu ziehen und es zu zerschmettern. Erwiesenermaßen gehen heute zunehmend mehr Frauen in das mittlere und obere Management. Sie sind jung, gebildet und hochmotiviert – und sie sind dort willkommen. Sie werden in absehbarer Zeit umfänglich in Spitzenpositionen vertreten sein. Diese Frauen bezahlen für ihre Karriere allerdings dann den gleichen Preis wie ihre männlichen Kollegen: Ein Leben für die Firma, Überstunden, Verzicht auf Kinder und/oder Verzicht auf ein umfängliches Familienleben. Wenn ein Mensch findet, dass

Geld, Macht und Reputation diesen Preis wert sind, dann kann er oder sie diesen Weg heute sehr unbefangen gehen.

Die sogenannte Frauenquote will Frauen, die mancherorts bisher nicht einmal vorhanden sind, in Vorstandssessel hieven. In Norwegen heißen Frauen, die deshalb gleichzeitig mehrere Vorstandsposten besetzen, „Goldröcke".

Frauen können die „Hälfte der Welt" aus eigener Kraft erobern und sind schon längst dabei. Ich stelle mir vor, dass der demografische Wandel für uns Frauen Schubkraft in bisher untypische Arbeitsfelder und in das mittlere und höhere Management haben wird. Eine andere Folge des demografischen Wandels könnte sein, dass weibliche Arbeitskraft zukünftig ähnlich massiv ausgebeutet wird, wie wir es bei den Männern im Zuge der Industrialisierung bereits erleben konnten. Achtung Schwestern!

Kinder und Familie

Wer heute noch glaubt, dass Frauen die Last der Kindererziehung und der Familienarbeit überwiegend allein tragen müssen, der kennt unsere jungen Männer und Frauen schlecht. Junge Menschen wollen ihr Zusammenleben überwiegend partnerschaftlich und gleichberechtigt organisieren. Unter den gegebenen Umständen bekommen sie das meines Erachtens auch sehr gut hin. Die jungen Familien werden sich bemühen hier immer besser zu werden.

Die Hausarbeit – eine Last? Hausarbeit ist aus meiner Sicht heute vergleichsweise übersichtlich. Meine Mutter hat noch vor dem Waschkessel gestanden und die Kochwäsche gerührt. Sie hatte keine Einbauküche und keinen Geschirrspüler, dafür Vorratswirtschaft aus dem Garten und vier Kinder. Unbestritten sind die Erleichterungen für das Familienleben und die Hausarbeit weiter ausbaufähig, es gibt ja bereits Roboter, die uns noch mehr abnehmen sollen.

Familien sind kompetente und verlässliche Systeme, die zusammenhalten und sich gegenseitig stützen. Sich darauf zu besinnen entspricht scheinbar nicht dem Mainstream und es wirkt in einer medialen und globalisierten Welt fast schon revolutionär. Gegner sprechen allerdings davon, es sei „reaktionär“, Familienleben wertzuschätzen.

Man sollte jungen Leuten keine ideologisch eingefärbten Vorwürfe machen, sondern in ihre Kraft und Kreativität vertrauen. Ich halte es für verwerflich, jungen Eltern feministische Schreckensbilder zu malen und ihnen ebensolche Steine in den Weg zu werfen. Väter laufen nicht mehr rauchend im Wartebereich der Säuglingsstation hin und her. Sie sind heute in der Familienarbeit überaus aktiv und engagiert. Was uns fehlt, sind aber Maßnahmen, Modellprojekte und Helfernetzwerke, welche Väter und Väter in Not unterstützen. Wenn wir uns hier engagieren, dann führt das in absehbarer Zeit zu einer weiteren Entlastung und womöglich sogar zu einer besseren Gleichberechtigung von Müttern und Vätern. Das Potential der Väter ist sichtbar, es wird gebraucht und es ist groß.

Familie und Beruf unter einen Hut zu bringen, ist ein Problem für Mütter und für Väter. Männern bleibt es aus unterschiedlichen Gründen oft noch versagt, sich gleichberechtigt im Familienleben zu engagieren. Die Gründe sind so vielfältig wie das Leben selbst. Es wird nicht helfen, einseitig die Belastungen der Mütter im Allgemeinen und die der alleinerziehenden Mütter im Besonderen zu beklagen und nach staatlicher Protektion für sie zu rufen.

Unbestritten gibt es Gleichstellungsbedürfnisse von Frauen, es gibt diese aber auch bei Männern. Das Gutachten der Sachverständigenkommission an das Bundesministerium für Familie, Senioren, Frauen und Jugend für den ersten Gleichstellungsbericht der Bundesregierung hat den Titel: „Neue Wege – gleiche Chancen, Gleichstellung von Frauen und Männern im Lebensverlauf". Es bietet meines Erachtens gute Ansätze, wenn man den Text nicht einseitig parteilich liest und interpretiert.

Jungen und Mädchen, Frauen und Männern müssen die Risiken von Lebensentscheidungen bewusst gemacht werden. Sie müssen die möglicherweise nachteiligen Folgen für den weiteren Lebensverlauf erkennen können und sich bei unumkehrbaren Brüchen im Leben schützen. „Manche Lebensentscheidungen lassen sich später nur schwer wieder aufholen", heißt es im Gutachten. Deutschland mangelt es an einem gleichstellungspolitischen Leitbild, welches interdisziplinär gemeinsam von Frauen und Männern erarbeitet wurde und Frauen und Männer inkludiert. Es fehle an politischer Konsistenz, heißt es dort ebenfalls.

Ich sitze in der Alten Mälzerei in Berlin und lausche einigen sachverständigen Frauen, die vom Podium aus über dieses Gutachten sprechen. Die Bundesarbeitsgemeinschaft der Frauen- und Gleichstellungsbeauftragten hat kommunale Gleichstellungsbeauftragte zum Gedankenaustausch eingeladen. Im kleinen Saal sitzen etwa 100 Frauen. Ich fände es belebend, auch mit lebenserfahrenen Männern mit Fach- und Sachkompetenz zu diesem Gutachten diskutieren zu können. Leider war es keine gemischtgeschlechtliche Gemeinschaftsveranstaltung, zum Beispiel mit dem Bundesforum Männer. Das muss sich ändern, wenn wir wirklich ausgewogene Gleichstellungspolitik machen wollen.

Für mich ist, was ich in den letzten Jahren erlebe und tue, auch ein persönlicher Prozess. Das ist, trotz aller Anstrengung und Schmerzen, entlastend. Eine jahrzehntelange feministische Indoktrinierung hat sich in mir breit gemacht, das spüre ich nun. Ich erkenne, dass ich für die Sache der Frauen Opfer gebracht habe. Als ich die feministischen Scheuklappen ablege, kommt mir das wie eine Befreiung von radikal-feministischer Frauenbefreiungsideologie vor. Jetzt kann ich auch mit mir selbst wieder Frieden schließen.

„Feministinnen waren die Kriegshetzer im Geschlechterkampf", höre ich Oswald Kolle im Fernsehen sagen. Kolle sagt diesen Satz in der Sendung „Sex, Tabus und kalter Krieg" (2008, Marcus Fischötter), die ich Anfang 2012 im Fernsehen sehe. Womöglich sind Feministinnen noch heute Kriegshetzerinnen?

Erin Pizzey erzählt in ihren Memoiren „This Way to the Revolution" (2011) von Frauen, die sich Artemis oder Gladiator nennen. Artemis möchte die junge Erin davon überzeugen, dass sie von ihrem Ehemann unterdrückt wird. Erin soll Hosen tragen und keine Röcke oder Kleider. Artemis behauptet Erin sei „brain washed", weil sie einfach nicht erkennen will, dass ihr eigener Mann sie unterdrücke. „Wenn wir keine eigene Bewegung gründen, dann werden uns die Männer weiter unterdrücken", sagt Artemis. Die junge Erin Pizzey bemerkt, dass sie von Artemis nicht nur beeindruckt ist, sondern auch Angst vor ihr hat.

Wirklich befreite Frauen hätten keinen Sex mit Männern, erklärt Gladiator der verheirateten Pizzey. Wer schläft schon mit seinem Feind, meint die Geschlechterkämpferin. In der Zeitschrift *Emma* heißt es 1988: „Beate Uhse ist eine Emanze. Eine, die sich auf Kosten von Frauen emanzipiert und es mit Kerlen hält."

Es hat eine lange, feministische Tradition, männerkooperative Frauen zu missbilligen und Sexualität von Mann und Frau abzuwerten. Feministinnen beharren heute noch darauf, dass der Penis eine Waffe wäre, mit dem Penis wolle der Mann die Frauen demütigen und sie sich unterwerfen. Elfriede Jelinek schreibt in ihrem "Antiporno Lust" (1992): „Die Wut des Mannes ist jetzt ausgewachsen, Aufruhr kommt aus seinem Rohr und wird mit schaumigem Strahl gelöscht. Die Frau soll sich sofort ganz ausziehen, damit sie für seine Ausmaße groß genug wird. Er will seinen Blitz in sie ableiten… Der Mann zerrt sie ins Bad, um sich gewaltsam Eintritt zu verschaffen und auf sie zu schiffen." „Eine intellektuelle Leseherausforderung", heißt es im Buchdeckel.

Aus Sicht feministischer Kriegshetzerinnen liegen die Entwaffnung des Mannes und die Chance, das Patriarchat endgültig zu beseitigen, offensichtlich in der tatsächlichen oder ideellen Zerstörung der männlichen Geschlechtsteile und seiner (sexuellen) Potenz.

Carl Djerassi, der sich selbst die Mutter der Antibabypille nennt, spricht in der Zeitung *Die Welt* in dem Artikel „Abschied von der Antibabypille" davon, dass sich eine neue Sexualität etablieren wird. „Kinder zu bekommen ohne die klassische Zeugung wird dann in weiten Teilen der Welt etwas Normales sein", prophezeit er. Seine dritte Frau verstarb vor wenigen Jahren, sie war Feministin und seine „wichtigste Kritikerin", heißt es weiter.

Man heißt in der schönen neuen Welt die zunehmende Impotenz des Mannes willkommen. Die Qualität der Spermien nimmt ab und die sexuelle Verunsicherung des Mannes zu. Sexualität reduziert man auf das für Frauen Notwendige. Es reicht die gelegentliche Absamung zum Erhalt der Art. In der Selektion der Spermien, deren Tiefkühlung und Bedarfsnutzung ist man heute bereits versiert, das verfeinert man im Sinne matriarchaler Wünsche. In den Ohren von „Berufskämpferinnen", die eine neue Gesellschaft erschaffen, klingt das vielleicht wie Musik. Wahrscheinlich geht hier aber wieder nur meine Fantasie mit mir durch.

Wer Krieg führt, will normalerweise mit allen Mitteln den eigenen Sieg und die Unterwerfung des Kriegsgegners erreichen. Gewalt erzeugt aber Gegengewalt. In der gleichstellungspolitischen Arbeit und Debatte hat eine Kampfansage meines Erachtens nichts zu suchen. Selbstbestimmung, Selbstverwirklichung und Frauenrechte sind berechtigte Anliegen, aber nur solange

Kriegshetzerinnen, Ideologie und einseitige Parteilichkeit außen vor bleiben. Für die Selbstbestimmung und Selbstverwirklichung des Mannes sowie die Männerrechte gilt das gleichermaßen.

Es liegt also auch an uns Frauen (und Männern) die Waffen niederzulegen, beziehungsweise jenen Frauen (oder Männern) die Waffen zu entwenden, die sich im Geschlechterkampf als begnadete Agitatoren und Kämpfer erwiesen haben. Der hierfür notwendige gesellschaftliche Diskurs hat begonnen und ist lauter geworden. Feminismus – Antifeminismus, Frauenrechte – Männerrechte? Wir werden darüber weiter reden müssen.

Jens Alber, Soziologe und Forschungsdirektor am Wissenschaftszentrum in Berlin, kritisiert in der *Frankfurter Allgemeinen Zeitung* vom 25.3.2011, dass die zentrale Dimension sozialer Ungleichheit eben nicht das Geschlecht sei. Alber wörtlich: „Die Männer wären gut beraten, wenn sie den Universalismus als Wert weiterhin hochhielten, überdies aber eine Sensibilität für die Verwendung von Doppelstandards erkennen ließen und der mit harten Bandagen und doppelten Standards auftretenden Interessenverfolgung engagierter entgegenträten." Ein Freund meinte einmal: „Die feministische Ideologie liegt wie Mehltau auf unserer Gesellschaft." Ich gehöre nicht mehr zu den Geschlechterkämpferinnen. Der feministische Weg könnte aus meiner Sicht sogar ein Irrweg sein!

Brauchen wir ein Feindbild „Mann"?

In Deutschland berufen sich die im Bereich häuslicher Gewalt tätigen Fachkreise auf die Kriminalstatistik und Zahlenmaterial aus einseitig parteilich arbeitenden Frauenhäusern. Die sich daraus ergebenden Daten und Aussagen werden wiederkehrend medial aufgewärmt und auf unterschiedliche Weise in das gesellschaftliche Bewusstsein gedrückt. Man pflegt ein einseitiges Täter-Opfer-Schema. Der Mann der Täter, die Frau das Opfer. Mir kommt es so vor, als gäbe es ein Schweigegelöbnis über die zahlreichen wissenschaftlichen Studien, die das Täter-Opfer-Schema nicht bedienen und zu anderen Ergebnissen kommen. Auch finden weder in Fachkreisen noch in der Öffentlichkeit die vermutete Dunkelziffer und tatsächliche Anzahl männlicher Opfer weiblicher Gewalt angemessene Beachtung.

Mir erschließt sich nicht, warum in diesen Netzwerken „Häusliche Gewalt" nicht berücksichtigt wird, dass Frauen Männern im häuslichen Kontext ebenfalls Gewalt antun können – und es auch tun. Aus meiner Berufs- und Lebenserfahrung weiß ich sicher: Frauen können seelische, körperliche, ja auch sexuelle Gewalt ausüben.

Im Kontext der Frauenhausarbeit kommt mir manches suspekt vor. Es ist und war nicht meine Absicht dazu beizutragen, dass Frauenhäuser abgeschafft werden. Ich denke aber, dass das Modell Frauenhaus aus sich selbst heraus zum Scheitern verurteilt und bereits in Auflösung begriffen ist. Es gibt zu viele Ungereimtheiten und eine geschlechtsneutrale Betrachtungsweise des Themas häusliche Gewalt ist nach 40 Jahren einseitig parteilicher Frauenhausnetzwerkarbeit überfällig.

Was ist so schlimm daran, wenn man als Frauenhausmitarbeiterin vorschlägt, mit beschuldigten Männern sprechen zu wollen? Warum darf man im Frauenhaus seinen Nachnamen nicht nennen, wenn man Kontakt mit dem Ehemann oder Partner der Bewohnerin hat? Wieso ist es falsch, auf Misswirtschaft und Minderbelegung hinzuweisen? Wenn ein Frauenhaus wochenlang keine Frauen und Kinder beherbergt, dann darf die Frage erlaubt sein, warum es geöffnet und unterhalten werden muss. Man muss doch mangelnde Qualität aufzeigen dürfen, wenn zum Beispiel die Schweigepflicht nicht eingehalten wird, weil nicht zwischen Ehrenamt und hauptamtlichen Mitarbeiterinnen unterschieden wird und das Arbeitskonzept an Laienselbsthilfearbeit erinnert.

Man darf doch aufzeigen, dass Bewohnerinnen sich oft selbst überlassen sind, sich umeinander kümmern sollen, weil es das selbstverordnete Arbeitskonzept und Arbeitszeitmodell so will. Wenn man wahrnimmt, dass die Qualität der Beratungsgespräche traumatisierter Frauen wegen mangelnder Fach- und Sachkompetenz von Mitarbeiterinnen dürftig ist, dann muss man darüber sprechen dürfen. Man darf es problematisch finden, wenn Mädchen immer, aber Jungen nur bis zu einer Altersgrenze von 12 oder 14 Jahren gemeinsam mit der Mutter im Frauenhaus Zuflucht finden können. Es ist auch legitim zu kritisieren, dass die Gruppe der Kinder undifferenziert und pauschal als Opfer eines gewalttätigen Mannes gesehen wird. Man muss darauf hinweisen, dass schlagende Männer vielfach Kinder waren, denen Gewalt angetan wurde, auch von der Mutter. Es ist sogar wichtig, zu bemängeln, dass eine differenzierte Betrachtung der häuslichen Gewalt nicht stattfindet und die Frauen konsequent dahingehend beraten werden, den Mann zu verlassen und das Familienleben aufzugeben.

Im Gegenteil sind solche und ähnliche Einwände hilfreich, um die notwendige Modernisierung und Erneuerung der Konzepte zur Prävention und Behebung häuslicher Gewalt voranzubringen. Gerhart Amendt, immerhin ein Fachmann, der auch an der Eröffnung des ersten Frauenhauses in Bremen beteiligt war, fordert heute Gewaltschutzhäuser für die ganze Familie. Für mich klingt das, nach allem was ich weiß, fortschrittlich und vernünftig.

Könnte es sein, dass eine Vielzahl von angezeigten Fällen von häuslicher Gewalt falsch eingeschätzt wird? Ist es möglich, dass

Männer große menschliche und bürokratische Hürden überwinden müssen, wenn sie von häuslicher Gewalt betroffen sind? Vielleicht wagen sie es nicht, ihre Verletzung zu zeigen, weil sie sich nicht sicher fühlen können? Mich erinnert die Situation dieser Männer an jene Zeit, als Frauen in ähnlich misslicher Lage waren und es an gutem Opferschutz für sie noch mangelte.

Nicht nur mir fällt auf, dass sich aktuell die angebotene „Hilfe" für eine von häuslicher Gewalt betroffenen *Familie* meist strikt an die Frau richtet. Im Großformat wird auf das örtliche Frauenhaus verwiesen, in dem Frauen und Kinder Zuflucht finden können. Opferschutz für Männer bei häuslicher Gewalt gibt es nur rudimentär. Männer, die sich der Gewalt einer Frau ausgesetzt sehen, brauchen Rahmenbedingungen, unter denen sie bereit und in der Lage sind, über ihre Verletzungen durch Frauen zu sprechen.

Erin Pizzey gründet 1971 das erste Frauenhaus in Europa. Sie hat andere Vorstellungen von Frauenhausarbeit, als man sie von der heutigen Frauenhausarbeit kennt. Feministinnen, ihre Vorstellungen und Forderungen sind Pizzey suspekt. Sie will nicht glauben, dass der Mann der Feind der Frau sei und die Familie für eine Frau der unsicherste Ort, schreibt sie in ihrem Buch „This Way to the Revolution. A Memoir" (2011). Jeder Mensch im Ort weiß, wo Pizzeys Frauenhaus ist. Nachbarn und Anwohner helfen ihr und den Frauen, bringen Kleider und Spenden. Mich wundert, dass Frauenhäuser meinen, sie müssten sich in der Anonymität verstecken. Es liegt doch auf der Hand, dass eine große Anzahl von Menschen die Anschrift eines Frauenhauses kennt. Die Nachbarn, Taxifahrer, Polizei, Behördenmitarbeiter, Ärzte, Krankenhausangestellte, aktuelle und ehemalige Bewohnerinnen, deren Kinder, einige beschuldigte Männer, Mitarbeiter in Kindertagesstätten und etliche mehr. Ist die Angst vor der Öffentlichkeit berechtigt? Oder stellt Öffentlichkeit nicht vielleicht sogar einen größeren Schutz dar, als es die Anonymität jemals kann?

Pizzey sieht Gewalt zwischen Mann und Frau in etwa gleich verteilt. Auch bei Frauen macht sie zum Beispiel Pädophilie aus. Sie schreibt: „that women could be as violent as men and that we were prepared to help men in troubles as well as women" und "no one believed that women could be paedophiles. I was aware that they could, but the usual blanket of silence and denial descended if I tried to discuss the subject". Pizzey kann nicht verstehen, warum feministische Frauen glauben, nur Jungs würden auf die häusliche Gewalt mit Gewalt reagieren. „Already I had evidence that all offspring were affected by violence in their homes, not just the boys." Bei Pizzey können die pubertierenden Jungs mit ins Frauenhaus einziehen und sie hat die Idee, auch ein Haus für Männer einzurichten. „The idea was to provide shelter for men and teenagers who had been at the receiving end of violence or serious abuse from partners or parents".

Sie findet mit ihren Arbeitsansätzen und Ideen innerhalb der sich etablierenden Frauenbewegung aber keine Unterstützung und beklagt deren wachsende Militanz gegen Andersdenkende: „The growing militancy within the feminist movement meant that many professional women held views similar to hers." Die ideologische Frauenlobbyarbeit ist damals wie heute stark und richtet sich auch gegen Geschlechtsgenossinnen, wenn diese nicht konform gehen und vielleicht sogar eine gegenläufige Meinung vertreten. Pizzey hat das leidvoll erfahren müssen.

Murray A. Strauss hat 1980 ebenfalls ermittelt, dass Frauen und Männer zu gleichen Teilen selbst angeben, Gewalt gegen Partner/innen ausgeübt zu haben. 2003 hat der deutsche Kriminologe Michael Bock (Zeitschrift „Sicherheit und Kriminalität",

Heft 1/2003) darauf verwiesen, dass allein unsere „selektive Wahrnehmung“ den Mythos des gewalttätigen Mannes aufrechterhalten würde.

In der Zeitschrift *Agora*, einem Magazin der katholischen Universität Eichstätt-Ingolstadt, erscheint ein Artikel von Susanne Vogel mit dem Titel „Gewalt von Frauen gegen Männer“ (2009). Sie schreibt: „Ein Mann als Opfer (dazu noch von seiner weiblichen Partnerin) erscheint als kulturelles Paradox. Einseitige Forschung(sförderung) und Berichterstattung tragen ihren Teil dazu bei, diese geschlechterstereotype Verteilung von männlichem Täter und weiblichem Opfer aufrecht zu erhalten und zum Vorurteil zu verfestigen.“ Vogel verweist auch auf eine einseitige Forschungsförderung hin.

Die Männerarbeit der evangelischen Kirche hat sich mit dem Thema Gewalt ebenfalls beschäftigt. „Gewalt ist in unserer Gesellschaft allgegenwärtig – und in besonderer Weise sind wir Männer darin verstrickt. WIR SINDS LEID, als Männer im gleichen Atemzug mit dem Begriff Gewalt genannt und identifiziert zu werden“, heißt es auf der Internetseite der Männerarbeit der evangelischen Kirche (www.maenner-online.de). Auf der Fachtagung „Wir sind's leid“ im Herbst 2010, die ich in Hannover auch besuche, werden die wichtigsten Ergebnisse der von der Evangelischen Kirche Deutschland (EKD) finanzierten Studie von Dr. Peter Döge vorgestellt: Döge leitet das Institut für anwendungsorientierte Innovations- und Zukunftsforschung. Er sieht in „Gewalt kein spezifisches Merkmal von Geschlecht“. Für ihn ist Gewalt eher Ausdruck von defizitären Persönlichkeitsmustern. Er stellt auch fest, dass männliche Täter seltener über eine sehr starke Vatererfahrung verfügen und ihre eigene Kindheit eher unglücklicher einschätzen als Nicht-Täter. Das hört sich nach einem wichtigen und guten Grund an, die Vater-Kind-Beziehung zu stärken und zu fördern, und es schließt sich gedanklich ein Kreis.

Im Thema häusliche Gewalt steckt, jenseits der parteilichen Arbeit für Frauen, noch viel Potential, dem wir uns gesellschaftlich stellen müssen. Ich engagiere mich da doch nicht, weil ich gegen Frauen einen Rachefeldzug führe und Frauenhäuser abschaffen möchte. Meine Motivation mich zu engagieren ist das Leid, das ich im Kontext häusliche Gewalt nicht nur bei Frauen, sondern auch bei Kindern und Männern ausmache. Mich stören die Ungerechtigkeiten, die sich aus der überholten und zudem noch falschen Sichtweise des einschlägigen Täter-Opfer-Schemas ergeben. Ich will Opferschutz auch für den Mann. Die ganze Familie muss dazu lernen und jeder muss seinen Beitrag leisten, damit es friedlich miteinander zugeht. Kein Familienmitglied soll aus seiner Familie flüchten müssen, weil der ganzen Familie geholfen wird. Wäre das nicht ein schönes Ziel?

Das Entfremdungssyndrom

Ich fahre oft zu meinen Kindern und Enkelkindern. Es macht mir Freude, mit ihnen Zeit zu verbringen. Mir ist der Zusammenhalt als Familie wichtig. Wenn die großen Kinder den Mut finden, mit mir über persönliche Dinge zu sprechen, dann rührt und ehrt mich das. Kinder sind so wertvoll, sie sind ein großes Glück und eine nachhaltige und menschenfreundliche Aufgabe.

Ich sitze mit der kleinen Enkelin im Schaukelstuhl. Sie ist gerade ein Jahr alt. Die Eltern bei der Arbeit. Wir haben miteinander gespielt und nun ist sie müde. Sie legt ihren Kopf auf meine Schulter. Wir wiegen hin und her, leise summe ich für sie eine Melodie und sie schläft friedlich ein. Der Enkel hat sich gewünscht, dass die Oma einmal bei ihm schlafen soll, natürlich unter dem Hochbett! So wird es gemacht. Als ich nachts leise ins Kinderzimmer schlüpfe und mich in das angebotene Bett lege, flüstert er von oben „Oma, bist du das?“

Mir liegen Kinder am Herzen. Ihr Wohlergehen hängt von den Eltern ab und davon, welchen Umgang Mann und Frau miteinander pflegen. Die Geschlechterfrage scheint mir eng mit Anliegen von Kindern verknüpft zu sein und die Rolle der Frau ist dabei nicht nur ruhmreich.

Feministische Frauen haben vor Jahrzehnten eine Änderung des §218, die Straffreiheit einer Abtreibung, erkämpft. Alice Schwarzer legt der Zeitschrift *Stern* damals für eine Kampagne eine Unterschriftenliste mit prominenten und weniger prominenten Namen vor. Selbstbezichtigend heißt es: „Wir haben abgetrieben." Wie sie selbst schreibt, hat Alice Schwarzers damals auch unterschrieben, „obwohl ich nie abgetrieben habe" (Alice Schwarzer, Lebenslauf, 2012). Könnten viele, vielleicht alle Unterschriften Fake sein und keine dieser Frauen hätte jemals wirklich abgetrieben oder je die Absicht dazu gehabt? Diese Kampagne hat für mich einen faden Beigeschmack.

Seit Jahrzehnten kann sich eine schwangere Frau einen sogenannten Beratungsschein holen und straffrei abtreiben. Sie bestimmt, ob das Kind geboren wird oder nicht. In jedem Fall eine schwerwiegende Entscheidung über Leben und Tod.

Sterbehilfe ist in Deutschland nicht erlaubt. Wer krank ist, oder im Sterben liegt, der soll mit allen zur Verfügung stehenden Mitteln am Leben erhalten werden. Wo kämen wir hin, wenn der Ehemann keine Lust mehr hätte, sich um die kranke Ehefrau zu kümmern und deshalb die Euthanasie verlangt. Niemand wird wollen, dass man für den sterbenden Großvater aktive Sterbehilfe erlaubt, um der Familie weitere Ausgaben zu ersparen. Nur im Falle eines Fötus gelten solche Argumente nichts.

Ich stelle mir vor, wie es für nachfolgende Kinder sein muss, wenn sie erfahren, Mama hat ein ungeborenes Geschwisterchen abgetrieben. Vielleicht schmerzt es eine Schwester oder einen Bruder verloren zu haben? Das Gefühl des Geborenen, „Glück gehabt" zu haben und zu leben, ist getrübt.

Ein junges Paar hat sich einige Jahre nach dieser Kampagne der Alice Schwarzer gegen eine Abtreibung entschieden. Jene Frauen, die damals auf die junge Frau einredeten, sie solle doch abtreiben, sind noch heute in den Frauennetzwerken aktiv und sitzen auf einschlägigen Arbeitsplätzen, berichtet mir der heute pensionierte Vater dieses Kindes. Der Sohn wurde geboren, wuchs beim Vater auf und ist heute ein anerkannter Mediziner, der über 30 Mitarbeiter führt. Nun hat sein Vater nicht nur einen tollen erwachsenen Sohn, sondern auch noch mehrere Enkelkinder. Der Pensionär lacht und seine Augen strahlen.

Es gibt Menschen, die sich nicht damit abfinden wollen, dass allein die Entscheidung einer Frau den Tod eines ungeborenen Kindes herbeiführen kann. Manche hoffen, dass der biologische Vater eines Tages in allen Fragen, die das Kind betreffen, gleichberechtigt sein wird. Es gibt viele quälende Fragen und Ungereimtheiten rund um den § 218, die meines Erachtens aufgerollt und erörtert werden müssen. Im Sinne eines Update!

Was ist eigentlich mit den Vätern im Falle eines Abtreibungswunsches einer werdenden Mutter? Dürfen sie ein Wörtchen mitreden, wenn die Frage der Abtreibung im Raum steht? Müssten sie nicht auf jeden Fall nach Feststellung der Schwangerschaft ausdrücklich über ihre Vaterschaft informiert werden? Ein Vaterschaftstest ist bereits vor der Geburt möglich. Sollte man das im Interesse des Kindes nutzen?

Was sollte geschehen, wenn die Mutter das Kind nicht will, aber der Vater will es? Wäre es in diesem Fall richtig, wenn die Frau das Kind austragen und später auch Unterhalt zahlen würde, damit es beim Vater aufwachsen kann? Andersherum geschieht es ja millionenfach.

Was, wenn die Mutter das Kind behalten will, der Vater aber nicht. Sex war abgemacht und einvernehmlich, aber doch kein Kind! Müsste die Frau dann abtreiben, weil es andersherum doch Gang und Gäbe ist? Dürfte eine Abtreibung nur in dem

Fall straffrei sein, wenn Vater *und* Mutter das Kind nicht wollen? Sollte es in diesem Fall danach leben können und bei anderen Eltern aufwachsen, weil es Lebenswillen zeigt?

Was hat sich in den vergangenen Jahrzehnten verändert und wie sollte sich das, im Sinne der Erhaltung von Menschenleben und nicht ihrer Zerstörung, auf den § 218 auswirken?

Vor 40 Jahren haben wir diese wichtige Diskussion abgebrochen. Wir halten seitdem einen Status quo, der überholt sein könnte, weil er jenseits der heutigen Realitäten liegt. In Deutschland ist die Abtreibung bis zur 12. Schwangerschaftswoche erlaubt. In bestimmten Fällen ist auch eine Spätabtreibung straffrei. Ab der 24. Schwangerschaftswoche unternimmt man hierzulande in der Regel den Versuch, ein Frühchen zu retten. Unlängst zieht eine Mutter, deren Tochter in der 22. Schwangerschaftswoche geboren und von den Ärzten als nicht lebensfähig eingestuft wurde, vor Gericht. Die Mutter sagt, sie hätte einen klaren Lebenswillen beim Kind erkennen können. Was ist mit dem Lebenswillen der Föten, die bis zur 12. Schwangerschaftswoche abgetrieben werden dürfen?

Im Falle der gewollten Schwangerschaft betreiben wir großen hochtechnischen und medizinischen Aufwand, um einem Kind Leben zu schenken. Da investieren auch die jungen Eltern Zeit und Geld, Hoffen und Bangen, um am Ende das Herz ihres Kindes schlagen zu hören. Im Fernsehen sah ich einen Bericht über sogenannte „alte Eltern", die erst weit über Dreißig ihren Kinderwunsch erfüllen wollen. Acht Mal hat ein Paar versucht durch künstliche Befruchtung schwanger zu werden. Es kam zur Schwangerschaft, aber auch zu etlichen Fehlgeburten. Wir versäumen gezielt und immer häufiger den biologisch besten Zeitraum für Schwangerschaft.

Frühchen, künstliche Befruchtung und Abtreibung. Für mich gehört das irgendwie zusammen, aber da passt etwas nicht, es ist nicht rund.

Junge Frauen werden geradezu belagert von älteren Frauen, die ihnen prophezeien, sie würden sich ihr Leben versauen, wenn sie jetzt Kinder hätten. Erst recht, wenn die Frau jung ist oder dem Fötus eine Krankheit prognostiziert oder diagnostiziert wird. Man rät zur Abtreibung. „Mach nur“, sagen diese Beraterinnen mit einem aufmunternden Lächeln im Gesicht. Heute werden kaum mehr behinderte Kinder geboren und wenn, dann schaut man diese Eltern fast schon vorwurfsvoll an, weil sie nicht rechtzeitig gehandelt haben. Inklusion ist ein modernes Stichwort, wenn es darum geht, behinderte Kinder zu integrieren. Das gilt aber nur nach der Geburt.

Die Abtreibung selbst wird mit harmlosen Begriffen bagatellisiert. Oft ist simpel von einem „Eingriff“ die Rede. Das Unangenehme und die Fakten werden verdrängt und unter den Teppich gekehrt. In Beratungsgesprächen haben mir Frauen aber mitgeteilt, wie schwer es ihnen im Nachhinein und nach Jahren noch fällt. Sie können eine Abtreibung nicht so verwinden, wie man es ihnen im Vorfeld weismachen will. Der prognostizierte Geburtstermin hat sich in ihrem Gedächtnis eingebrannt, ebenso der Tag der Abtreibung. Sie tragen einen Namen mit sich herum und wissen nicht wohin mit ihren widersprüchlichen Gefühlen. Viele dieser Frauen bereuen ihre Entscheidung und klagen über gesundheitliche und seelische Nachwehen.

Wir leben nicht mehr in den 1970ern sondern im 21. Jahrhundert. Es gibt erheblichen medizinischen Fortschritt. Vor 40 Jahren konnte man eine Schwangerschaft vergleichsweise spät sicher nachweisen. Heute wissen Frauen schon nach wenigen Tagen, manchmal Stunden, dass sie schwanger sind. Müsste das den Zeitraum von 12 Wochen nicht wenigstens verkürzen? Diesen Satz will ich eigentlich gar nicht schreiben, weil am Ende der Verkürzung für viele Föten dann ja doch der Tod steht. Mir widerstrebt das zutiefst. Ich bin der festen Überzeugung, wir könnten bessere Lösungen für diese „ungewollten“ Kinder finden.

Die Pille ist nun 50 Jahre alt, Zeit genug, um den richtigen Umgang damit gelernt zu haben. Sollen wir in Zeiten von Leihmutterschaft und künstlicher Befruchtung tatsächlich noch an einer fast mittelalterlich anmutenden Konzeption und Methode der Embryonenvernichtung durch Abtreibung festhalten?

Ist es für eine Frau, die ungewollt schwanger wird, wirklich eine Zumutung, dieses Kind auszutragen? Sollte das Kind leben dürfen, wenn nicht bei ihr, dann bei liebevollen Eltern, denen Kinder versagt sind? Da wäre eine ganz neue Form von Patchworkfamilie möglich.

Wir müssen uns nicht selbst etwas vormachen und glauben, dass tatsächlich all diese abgetriebenen Kinder in unserem Land schlechte Lebensverhältnisse vorgefunden hätten. Es ist wohl eher so, dass eine Frau sich gegen dieses in ihr wachsende Leben und damit für etwas Anderes entschieden hat.

Im Jahr meiner Abberufung soll es auch eine Kinderschutzwoche geben. Die Kinderschutzbeauftragte des Landkreises lädt ein. Bei einem dieser Treffen stellt die Gleichstellungsbeauftragte des Landkreises Goslar eine Brötchentüte mit der Aufschrift „Gewalt gegen Frauen und Kinder kommt nicht in die Tüte" vor. Es wäre doch toll, wenn man zur Kinderschutzwoche in eine solch schöne Tüte warme Brötchen packen könnte. Auf der Tüte würde natürlich auf alle Kooperationspartner der Kinderschutzwoche hingewiesen werden. Das ist eine schöne Werbung für das frauenpolitisch durchtränkte Engagement „für Kinder", welches die anwesenden Frauen und auch einige Männer vor sich hertragen. Die Tüte wird rumgereicht, damit jeder mal anfassen kann. Ich auch. Brrrr, mir graust's.

Nun weiß ich wirklich nicht, ob ich lachen oder weinen soll. Was hat das Wort „Frauen" auf einer Tüte zu einer Kinderschutzwoche zu suchen? Es ist doch faktisch falsch, was da steht. Denn auch Frauen üben Gewalt gegen ihre Kinder aus. Hier werden Frauen in einer Kinderschutzwoche aber mit den kindlichen Opfern gleichgestellt. Zeitgleich gibt es in Astfeld, einem Ort der nur wenige Kilometer entfernt ist, einen Mordfall. Eine Mutter sticht auf ihre drei Kleinkinder ein, das jüngste ist noch ein Säugling. Sie tötet zwei davon, das dritte kann sich gerade noch verletzt ins Haus der Großeltern flüchten. Diese Frau soll psychisch krank sein. Die Kinder sind von zwei verschiedenen Vätern. Ich stelle mir vor, wie einer dieser Väter morgens Brötchen holt. „Geben Sie mir bitte drei Mohnbrötchen und drei Sesambrötchen“, sagt er während der Kinderschutzwoche zur Bäckereifachverkäuferin. Er zahlt und greift sich die Tüte. Dann sieht er diesen Satz. Was wird er dabei denken? Welche Gefühle werden in ihm hochkochen?

Oder die Großeltern, die einen Enkel verloren haben. Sie haben das überlebende Enkelkind zu Besuch. Man geht in die Stadt zur Stadtbücherei oder ein bisschen Bummeln. Das Kind hat Hunger, also wird vielleicht eine Laugenbrezel gekauft. Diese Brezel mochte womöglich auch die getötete Schwester sehr gern. Dann sehen sich die Großeltern die Brötchentüte genauer an und lesen diesen Satz. Welche Gedanken werden ihnen durch den Kopf gehen? Wird es Tränen geben? Gut, dass das Kind noch nicht lesen kann.

Wo bleibt die Pietät? Wo bleibt das Fachwissen? Frauen haben doch auf einer Brötchentüte zur Kinderschutzwoche überhaupt nichts zu suchen. Oder geht es nur vordergründig um Kinderschutz? Werden die Kinder für die eigene Ideologie der Opferschaft der Frau instrumentalisiert, um nicht zu sagen missbraucht? „Gewalt gegen Kinder kommt nicht in die Tüte“, das wäre der Satz zur Kinderschutzwoche gewesen.

Aber mit dieser Meinung stehe ich in den einseitig parteilichen Frauennetzwerken allein da. Das hatten wir ja bereits 2010, als es um die Ausstellung „Gegen Gewalt in Paarbeziehungen“ ging. Tausendfach werden solche inhaltlich falsch bedruckten

Brötchentüten zu solchen und ähnlichen Anlässen verteilt. Bäckerinnungen machen sich im Vertrauen auf die Fachkompetenz der Frauen und der Behörden, die sie vertreten, zum ideologischen Handlanger. Es muss aus meiner Sicht einer geschlechtsneutralen Beschriftung der Vorzug gegeben werden. Hier greifen dieselben Argumente, wie ich sie bereits zur Ausstellung gegen Gewalt in Paarbeziehungen vorgetragen habe. Soll ich das noch einmal sagen?

Ich könnte jetzt eine Diskussion in dieser Planungsgruppe anstoßen, aber mir fehlt der Mut. Der Antrag der Linken auf Abberufung der Gleichstellungsbeauftragten dreht ja bereits seine Runden. Die Beschwerden der „guten Initiative" entfalten ihre Wirkung. Es ist beschlossene Sache, dass ich zu gehen habe. Außerdem kommt der Vorschlag für diese unsägliche Tüte ja auch noch ausgerechnet aus der Gleichstellungsstelle des Landkreises und wird von der Kinderschutzbeauftragten der gleichen Behörde für gut befunden. Es käme einem Zweikampf gleich, wenn ich dagegen angehen würde. Ich mag in der Runde nicht den Mund aufmachen.

In einem letzten Kraftakt informiere ich in meiner Funktion als Gleichstellungsbeauftragte zumindest die beiden Sponsoren telefonisch über meine Bedenken. Diese Handlung wertet die Kinderschutzbeauftragte in einer Beschwerde an meine Vorgesetzten als dienstrechtlich bedenklich. Als Gleichstellungsbeauftragte sehe ich mich jedoch in der Pflicht aufzuklären.

Nach meiner Abberufung kommentiert die Leiterin des Kinderschutzbundes, Heide Huwald-Poppe, in der *Braunschweiger Zeitung* in meine Richtung: „Schlecht recherchiert und nicht mal die halbe Wahrheit. Die Leiterin des Goslarer Kinderschutzbundes führt die gleiche Aktion in Hildesheim und Gifhorn an. Und niemand habe hier kritische Einwände erhoben." Aha, wenn also alle mit dem Strom schwimmen, dann muss es schon richtig sein. „Nur tote Fische schwimmen mit dem Strom", meinte mein Mann neulich und damit hat er recht.

Auf der Kita-Fachtagung des Landkreises Goslar spricht Dr. Martin R. Textor, ein ausgewiesener Fachmann für Frühpädagogik und Familienforschung. „Die Familie ist der mächtigste Bildungsort für ein Kind", sagt er und ich nehme einmal mehr Abschied von der Idee, kleine Kinder seien in Institutionen besser als zu Haus bei Mama und Papa aufgehoben.

Die Erfahrungen in Gemeinschaftseinrichtungen für Kinder, die ich bis heute machen musste, haben mich kritisch gestimmt. Diese kleinen Menschen brauchen zu allererst eine stabile Bindung zu Vater und Mutter, das ist das Fundament. Ein weiterer wichtiger Baustein für die gesunde Entwicklung von Kindern ist es, ihnen ihre Familiengemeinschaften zu erhalten. Sie sind die wichtigste Ressource im Leben des Kindes. Das gilt immer, auch nach Trennung und Scheidung.

Was ist, wenn zum Beispiel das Kind ernstlich erkrankt? Vielleicht ist es auf die medizinische Hilfe eines Familienangehörigen aus der väterlichen Linie angewiesen? Vielleicht kommt der Vater aber auch aus einem anderen Kulturkreis? Darf es die Mutter dem Kind unmöglich machen, sich mit seinen kulturellen Wurzeln in Asien, Afrika oder vielleicht auch nur Ostfriesland zu identifizieren? Wie soll es ein Kind schaffen, sich mit seiner Herkunft wirklich auseinanderzusetzen, wenn es diese nicht aus eigener Anschauung kennt? Was, wenn die Mutter verunglückt? Wird das Kind dann quasi Vollwaise, obwohl es einen Vater gibt?

Wer hat sich nur ausgedacht, dass es Kindern reichen könnte, ein Elternteil nur sporadisch zu sehen. Wir wissen doch alle, wie schwer es ist, Liebesbeziehungen auf Distanz am Leben zu halten. Wie viel schwerer wird es einem Kind fallen, eine Beziehung zu einem Elternteil aufrecht zu erhalten, wenn sich die beiden nur unregelmäßig sehen können? Alle 14 Tage quasi auf Knopfdruck Eltern-Kind-Beziehung „spielen“, das ist nicht pädagogisch wertvoll! Wird das Kind Schäden zurückbehalten? Wird es sein Leben nachhaltig beeinträchtigen, den Vater kaum oder gar nicht zu kennen? Werden kaputte Erwachsene das Ende vom Lied sein?

Tausende gehen gegen Atommüll in der Asse, gegen Stuttgart 21, gegen Castor Transporte oder gegen Tiermassenhaltung auf die Straße und machen aus ihrer Demonstration fast schon eine inszenierte Party und einen medienreifen Widerstandsrummel. Und welche Lobby haben die Millionen Kinder geschiedener und getrennt lebender Eltern? Jene Kinder, die einen Elternteil und eben oft den Vater nicht mehr sehen dürfen, weil die Mutter es nicht will? Wer setzt sich für diese Kleinen ein? Da terrorisieren Frauen, teilweise mit Unterstützung anderer Frauen und Fachfrauen, Kinder und Männer und man sieht es ihnen nach?

Mancher nennt solche Frauen „Familienterroristinnen“. Kriegshetze war gestern, heute ist Terrorismus! So kann es kommen, wenn man sich in einer Ideologie verfangen hat, die bitter und hartherzig gegenüber Männern ist und die Kinderleben missachtet. Im Interesse der Kinder und ihrer Rechte wird es Zeit für Demonstrationen gegen diese Form des Terrors.
Kinderschutz ist eine wichtige Sache, erst Recht bei Trennung und Scheidung. In Kindergärten und Kinderkrippen wird die Eingewöhnung des Kindes so einfühlsam wie möglich vollzogen. Man sieht dabei deutlich, ob das Kind „sicher“ oder „unsicher“ gebunden ist, und muss die pädagogischen Maßnahmen darauf einstellen. Bei einer unsicheren Bindung hält sich das Kind strikt im nahen Umfeld der Mutter / des Vaters auf und behält Körperkontakt mir ihr / ihm. Will sie / er den Raum verlassen, weint es und klammert sich vielleicht sogar an die Mutter / den Vater. Es ist untröstlich, wenn die Mutter / der Vater gegangen ist und lässt sich nur schwer von Dritten aufmuntern.

Unser Wissen um die Bindungstheorie hält uns aber leider kaum davon ab, Kinder einem Elternteil aktiv zu entfremden. An diesem Prozess sind nicht selten auch jene Menschen und Einrichtungen beteiligt, in denen Pädagogen arbeiten, die sich eigentlich um die Kinder kümmern sollen. Richard A. Gardner beschreibt die Elternentfremdung bereits 1985. Er erntet damals dafür allerdings erhebliche Kritik.

Gerhard Bergmann spricht in Bezug auf die staatliche Kinderbetreuung in seinem Buch „Lasst eure Kinder in Ruhe!" (2011) von einer „pädagogischen Bankrotterklärung" der Frühpädagogik. Er hat eine „seelenlose Lernbürokratie" ausgemacht, weil man Planung in den Vordergrund stellt und nicht die Bedürfnisse des Kindes. Er diagnostiziert den Einrichtungen eine „Verständnisarmut" und einfach nur „schlechte Pädagogik". Schlechte Qualität wird den deutschen Kindergärten bereits 2004 auch von der OECD attestiert.

Hier ist wiederum eine Entwicklung, zu der Frauen einen eigenen Beitrag leisten.

Was heute mit Hilfe von Behörden und Fachleuten in Familien passiert, könnte man auch „systematische Zersetzungsarbeit" nennen, und diese geht sehr zu Ungunsten von Vätern und Kindern.

Amendt schreibt: „Aber weiterhin Vater sein zu können, setzt voraus, dass die ehemalige Partnerin den Kontakt wünscht, dass sie den Kindern die Zeit mit dem Vater gönnt und akzeptieren kann, dass die Besuche bei ihm stattfinden und sie zeitweise allein zurückbleibt. Sie muss anerkennen, dass sie den Vater nicht ersetzen kann." (Gerhard Amendt, Scheidungsväter, 2006) Auch in diesem Sinne müssen sich Fachkreise engagieren, wenn sie sich Kinderschutz und Kinderrechte auf die Fahnen geschrieben haben.

„Oft übernehmen sie (die Kinder) die Ansichten jenes Elternteils, bei dem sie wohnen – was mitunter zu extremen emotionalen Reaktionen führt. ‚Ich will dass Papa tot ist, damit ich ihn nicht mehr sehen muss', sagte vor Gericht die neunjährige Tochter des Berliner Regisseurs Douglas Wolfsperger, der einen Film über sich und andere ‚entsorgte Väter' gemacht hat." (*Geo Wissen*, Väter, 2011)

Wir müssen aufmerksamer für die Auswirkungen bei Trennung und Scheidung auf Kinder werden, heißt es in einer Pressemitteilung anlässlich einer internationalen Konferenz zum Elternentfremdungssyndrom (Parental Alienation Syndrom PAS) bereits im Oktober 2002 in Frankfurt. Psychiater und Therapeuten, wie zum Beispiel Dr. med. Wilfrid von Boch-Gahlau, warnen vor einer zunehmenden Traumatisierung von Scheidungskindern, denen ein Elternteil bewusst entfremdet wird. Ein langfristiger Kontaktabbruch mit den Familiengemeinschaften eines Kindes sei für das Kind ein Trauma und ein überaus leidvolles Schicksal. Mit dem Kontaktabbruch wäre nämlich nicht selten auch eine massive Beeinflussung des Kindes gegen den ausgegrenzten Elternteil verbunden. Das würde bei einem so beeinflussten Kind oft zu einer absoluten Ablehnung des ausgestoßenen Elternteils führen. Fachleute sprächen bereits von einem psychischen Missbrauch des Kindes durch den entfremdenden Elternteil und zögen Vergleiche zum sexuellen Missbrauch.

Wollen Mütter sich wirklich auf eine solche Weise gegenüber ihrem Kind schuldig machen? *Geo Wissen* (Nr. 46/2010) hat sich mit Vätern und was sie so besonders macht auseinandergesetzt. In dem Beitrag „Wenn Krieg herrscht um die Kinder" heißt es, dass in nicht vielen Fällen Mütter ihre Zustimmung zu einem gemeinsamen Sorgerecht verweigern würden, „weil sie ihr angestammtes Sorgerecht nicht mit dem Vater teilen wollen". Das

Bundesjustizministerium hat eine repräsentative Studie herausgegeben, nach welcher 22 % der getrenntlebenden Mütter trotz gemeinsamen Sorgerechts den Kontakt des Kindes zum Vater ablehnen. Ihre Motive, so die Studie, seien vor allem von eigenen Interessen geprägt. Sie wollten in der Regel allein über ihr Leben entscheiden und mit dem Vater nichts mehr zu tun haben.

Der Öffentlichkeit ist PAS, die Elternentfremdung, noch nahezu unbekannt und man vermutet dahinter weitgehend kein Krankheitsbild. Es gibt noch keine wirksamen Methoden zum Umgang mit diesem Phänomen. Nur wenige Fachleute schreiten konsequent ein, wenn ein Elternteil beginnt, das Kind zu entfremden und zu instrumentalisieren. Um hier Abhilfe im Interesse der Kinder zu schaffen, hat sich in Deutschland 2011 die „Internationale Medizinisch-Juristische PAS Gesellschaft" gegründet. Elternteile, die aktiv Elternentfremdung betreiben, werden in Brasilien und Frankreich mit Geld- und Haftstrafen belegt. Die PAS Gesellschaft will die Erforschung und Darstellung der Elternentfremdung voranbringen. Man ist überzeugt davon, dass sich Elternentfremdung schädigend auf die Persönlichkeitsentwicklung eines Kindes auswirkt, und vermutet sogar Hirnreifungsstörungen und in Folge Verhaltensauffälligkeiten. Die PAS Gesellschaft möchte daran mitwirken, die Elternentfremdung als ein international verbreitetes Krankheitsbild vorzustellen, heißt es. Für dringend notwendig wird die Vernetzung von Schlüsseldisziplinen wie Medizin, Jurisprudenz, Forensik, Psychologie, Pädagogik und Mediation genannt.

Wir müssen uns auch in Deutschland mit dem Elternentfremdungssyndrom beschäftigen. Wir müssen dafür sorgen, dass diese Kindesrechtsverletzung und gesundheitliche Schädigung von Kindern endlich öffentlich bekannt wird, damit sie abgewehrt werden kann. Elternteile, die dem Kind einen Elternteil entfremden und vorenthalten, müssen zur Rechenschaft gezogen werden können. Solche Menschen brauchen wahrscheinlich auch Hilfe, damit sie sich anders verhalten können. Entfremdete Kinder müssen besser „behandelt“ werden.

Wer dem anderen Elternteil das Kind entzieht, den Kontakt erschwert oder unterbindet, zeigt damit, wie wenig er oder sie sich in Kinder hineinversetzen kann. Eine solche Person handelt aus Eigennutz und nicht im Interesse des Kindes, geschweige denn zu dessen Wohl. Jede Frau und jeder Mann kann eine neue Liebe finden und auch noch einmal Kinder zeugen. Erwachsene Menschen haben die Möglichkeit, die Wunden einer Trennung einigermaßen heilen zu lassen, indem sie sich neue Erfahrungen mit einem Partner schenken. Kinder können das nicht. Sie haben nur einmal im Leben die Chance auf einen Vater und auf eine Mutter. Alles andere ist, bei aller Liebe, ein Ersatz.

Deutschland ist für mich ein kinderfeindliches Land. Unsere Kinderfeindlichkeit findet ihren Niederschlag unter anderem in der Geburtenrate. Sie zeigt sich zudem in einem Familienrecht, das die väterliche Beziehung zum Kind nicht würdigt. Kinderfeindlichkeit ist undemokratisch und findet auch einen Platz im Bildungswesen. Wir schaffen es immer noch nicht, Kinder individuell zu fördern, ihr Lernerfolg bleibt abhängig vom sozialen Status der Eltern. Die Jungen erleiden dieses Schicksal unverhältnismäßig oft.

Nur halbherzig verfolgen wir die Bürgerrechte der Kinder. Bedenkenlos ignorieren wir ihre Menschenrechte. Gnadenlos bagatellisieren wir die Kinderrechte. – Mir tut das wirklich leid um diese Kleinen.

Weihnachten 2011. Es ist ungewöhnlich mild und nass. Ich fahre mit dem Fahrrad zu einem Discounter. Für das Weihnachtsessen benötige ich noch ein paar Kleinigkeiten, die ich vergessen habe. Ich spüre, wie meine Schultern in den letzten Monaten immer mehr nach vorn gesackt sind. Das Lachen ist mir vergangen. Immer wieder bekomme ich nachts Besuch von den Ereignissen und Menschen, die mir in den vergangenen Monaten begegnet sind. Sie tauchen mehr oder weniger versteckt in meinen Träumen auf. Ich schlafe schlecht, gehe spät zu Bett und stehe früh auf. Oft habe ich Kopfschmerzen. Aber jetzt ist erst einmal Weihnachten. Der Baum steht bereits und wirklich, das hat etwas Beruhigendes.

Ich betrete den Laden. Eine Frau, vielleicht Anfang 40, unterhält sich mit einem Mann. Beide halten Einkaufswagen in der Hand. Vielleicht Nachbarn, Bekannte? Er, Typ „Frauenversteher", hört aufmerksam zu und sagt wenig. Sie, brünette gelockt, stabile Figur, tritt laut auf. Es ist nicht zu überhören, wie sie sagt: „Ich bin ja jetzt getrennt". Klingt das irgendwie stolz? „Das ist nicht einfach. Die Kinder sind an diesem Weihnachtsfest beim Vater. Das macht auch nicht jede Frau", lobt sie sich selbst. „Na, nächstes Jahr bin ich ja wieder dran. Dieses Jahr ist der Weihnachtsbaum klein und ich habe wenig dekoriert. Das macht nicht so viel Spaß, wenn die Kinder nicht da sind." Und dann klagt sie über ihre Gelenkschmerzen und den Arbeitsplatz. Nachdenklich erledige ich meine Einkäufe.

Rüdiger schreibt mir. Er hat seine Kinder über viele Jahre nicht mehr gesehen. Etliche Weihnachtsfeste hat er, wie viele andere Väter, ohne seine Kinder feiern müssen. Nach vielen Jahren Kindesentzug zieht er eine bittere Bilanz. „Meine Kinder habe ich wirklich verloren. Sie sind derart konditioniert worden, dass sie schon beim kleinsten Kontaktaufnahmeversuch meinerseits dicht machen". Ein Fest der Liebe mit seinen Kindern gibt es schon lange nicht mehr.

Wir haben so viel Mitgefühl mit alleinerziehenden Müttern. Wo bleibt unser Mitgefühl für diese Väter? Niemand denkt an die Großeltern, die so viel Freude an ihren Enkeln haben könnten. Wo ist unsere Empathie für Kinder, die ihre väterliche Familie so selten oder nicht sehen? Wie kann man sich diese mütterliche Kälte erklären? Wie erklärt man den Kindern, dass Papa und Oma und Opa keine Möglichkeit haben, den Kontakt mit dem Kind und Enkel zu halten? Erst recht, wenn man die Mutter nicht „schlecht machen“ will.

Auf dem Titelblatt einer Ausgabe der Zeitung *Die Welt* ist kurz vor Weihnachten ein Bild zu sehen. Ein Soldat ist nach einem Auslandeinsatz heimgekehrt, er kniet vor seinen Kindern. Seine großen Arme umschlingen die Beiden. Der Junge weint und wischt sich Tränen weg. Das Gesicht des Vaters ist nicht zu sehen, „ob der Vater weint, wissen wir nicht“, heißt es im Text. Welch emotionale Strapazen für so einen Mann. Welten liegen zwischen der Liebe zum Kind und dem, was er in einem Auslandseinsatz erleben muss. Ähnliche Welten liegen zwischen vielen Kindern und ihren Vätern. Sie sind nicht im Auslandseinsatz, aber doch genauso weit weg. Wie schaffen Männer es nur, damit fertig zu werden?

Wenn eine Mutter ihr Kind verliert, dann billigen wir ihr einen unerträglichen Schmerz zu. Fragen wir uns aber auch, wie sich Väter fühlen, wenn sie ihre Kinder nicht sehen können oder sie ganz verlieren? Nehmen wir einfach hin, dass Mutterliebe auf jeden Fall stärker sein wird, als es Vaterliebe je sein kann? Ist das wirklich so? Wir dürfen uns ruhig einmal fragen, wie es einem/unserem Vater geht. Oder besser noch, fragen wir ihn selbst, solange er noch lebt:

„Ich bin in die Spielzeugabteilung gegangen“, erzählt ein Vater. „Ich habe mir überlegt, welches dieser Spielzeuge meinem Kind wohl Freude bereiten würde. Die kleinen Geschenke habe ich dann in Weihnachtspapier eingepackt. Am Schreibtisch sitzend habe ich mir Gedanken darüber gemacht, welche Worte und Sätze in dieser Situation die richtigen sein könnten. Ich habe so viel auf dem Herzen, was ich sagen und irgendwie ausdrücken möchte. Aber es vermischen sich die Sätze, die eigentlich an die Adresse der Mutter gehen müssten, immer wieder mit denen, die dem Kind väterlicher Trost und Fürsorge sein sollen.

Viele Briefanfänge verwerfe ich, bis ich dann glaube, die richtigen Worte gefunden zu haben. Leicht beschwingt gebe ich das Päckchen bei der Post auf. Ich kenne die Mutter gut. Wir waren fast 10 Jahre zusammen. Ich ahne ihre innere Abwehr mir gegenüber. Ich sehe die Szene vor mir: Der Paketzusteller wird an der Tür klingeln. Sie wird öffnen und auf den Absender schauen. Sie weiß ja, dass ich nicht aufgebe und jedes Jahr etwas schicke. ‚Nehmen sie das Päckchen mal gleich wieder mit', wird sie trocken und hart sagen. ‚Schreiben sie drauf „Annahme verweigert".'"

Gefühle für Männer? Astrid von Friesen formuliert in ihrem Radiobeitrag „Die vaterlose Gesellschaft" beim *Deutschlandradio* (2011): „Das interessiert nicht, über Gefühle von Männern lachen Frauen" und „die Auslöschung der männlichen Gefühle durch die Meinungs-, Deutungs- und Gefühlshoheit der Frauen in allen Fragen der Beziehungen, des sogenannten Kindeswohls und des Familienglücks schreitet voran." Ist das eine gute Beschreibung für den einseitig parteilichen Familienterrorismus?

Gerade zum Fest der Liebe, bei dem die Familie im Mittelpunkt des Geschehens steht, wird der Verlust der Kinder für Väter und deren Angehörige als besonders schwierig und emotional belastend erlebt. Das wissen alle, die Kinder vermissen und ähnliche Gefühle teilen. Die „Blauen Weihnachtsmänner" machen in der Adventzeit auf die Not der Kinder und der entfremdeten Elternteile aufmerksam. Sie wissen, wofür sie friedlich und würdevoll demonstrieren wollen – sie sitzen Weihnachten teilweise schon seit Jahren ohne ihr Kind vor dem Weihnachtsbaum.

Nicht viele Kinder und Väter schaffen es nach Jahren der Entfremdung zueinander zu finden. Viele wagen nicht einmal den ersten Schritt. Für diese Situationen der Annäherung, des Wiedersehens und der Wiedererkennung haben wir noch keine Rituale, keine Fachberatung, keine Helfernetzwerke. Wer hilft den heute älteren Vätern und ihren erwachsenen, aber entfremdeten Kindern?

Damit Väter nicht entfremdet werden und Kinder sie nicht vergeblich in ihrem Leben und in sich selbst suchen müssen, ist es unverzichtbar, Väter gleichberechtigt neben Mütter zu stellen. Warum fällt vielen Frauen das nur so schwer?

In zahllosen Beratungsgesprächen haben mir Mütter beteuert, dass die Kinder den Vater nicht vermissen würden. Diese Frauen haben ihre Ablehnung dem Vater gegenüber damit begründet, dass sie ihre Ruhe brauchen, um zu sich zu finden und ein neues Leben aufbauen zu können. Sie haben darauf bestanden, dass der Vater nur stören würde. Solche und ähnliche Sätze habe ich so häufig gehört, dass ich anfing, mir darüber ernsthaft Gedanken zu machen. Warum nur glauben diese Frauen, dass sie es schon allein schaffen werden, Kinder gesund groß zu kriegen? Warum sind sie sogar stolz darauf, den Vater losgeworden zu sein? Schließen sie die Augen vor der Not und den Problemen „ihrer" Kinder? Haben sie ihr Herz fest verschlossen für das Leid des Mannes, dessen Liebe sie einmal teilten?

Es gibt Männer, die von der Mutter genötigt werden, sich dem Kind nicht als Vater zu offenbaren. „Sie will den Kontakt zwischen mir und dem Kind unterbinden, wenn ich ihm sage, dass ich sein Vater bin", erzählt mir ein junger Mann und unehelicher Vater. Nur deshalb hat er sich darauf eingelassen, dass das Kind ihn als „Onkel" kennt, während der derzeitige Lebenspartner der Mutter als „Vater" gehandelt wird.

Machen wir uns doch nichts vor: Wenn Kinder im Spiel sind, dann sind wir lebenslang aneinander gebunden. Familiäre Entscheidungen müssen aber nicht an Dritte delegiert werden, wenn die Eltern einvernehmlich handeln. Wer sich an Behörden und Gerichte wendet, der gibt eventuell seine elterlichen Rechte, zumindest teilweise, an diese ab.

Wenn getrennte Paare einander das Leben aber zur Hölle machen, dann sind sie womöglich sogar noch enger und problematischer miteinander verbunden, als sie es innerhalb ihrer Beziehung jemals waren. Lebenslang werden ein Vater und eine Mutter zumindest sporadisch Kontakt haben, wenn sie das Leben des gemeinsamen Kindes angemessen begleiten wollen. Im Interesse der Kinder sollte dieser Kontakt den Regeln des Anstandes und der Höflichkeit folgen. Bestenfalls zeigen Vater und Mutter ihren Kindern eine charakterlich gefestigte Elternschaft, auch nach Trennung und Scheidung. Das wäre vorbildlich.

Man könnte sich vornehmen, auf der Hochzeit der Kinder und zu ihrer Freude ein Tänzchen miteinander zu wagen. Unser Ideal könnte sein, dem ehemaligen Geliebten Gutes zu wünschen. Etwas mehr Eigenverantwortung zweier erwachsener Menschen hielte ich, im Interesse der Kinder, für angebracht. Es wird anstrengend sein, nach Trennung und Scheidung gut miteinander auszukommen, aber es ist auch anstrengend, sich gegenseitig Steine in den Weg zu werfen. Steine, die man dem anderen Elternteil vor die Füße wirft, werden Steine sein, über die auch das gemeinsame Kind stolpert.

5. Miteinander von Mann und Frau

Abschied und Aufbruch

Die vergangenen drei Jahre möchte ich nicht in einem Ausschlussverfahren bewerten. In der Sache geht es weder darum, ob ich verloren noch, ob ich gewonnen habe. Grob betrachtet könnte man sagen, die „Initiative Gute Gleichstellungsarbeit in Goslar“ hat ihr Ziel der Abberufung erreicht und damit „gewonnen“. Die Frauennetzwerkerinnen sind in den Monaten nach meiner Abberufung so emsig wie nie, wie ich aus Goslarer Kreisen hören kann. Wie wiederbelebt, denke ich und beobachte aus der Ferne ihr Treiben. Ich bin jedenfalls den Posten der Gleichstellungsbeauftragten los geworden. So war es eingefädelt worden, so ist es geschehen – ein Sieg?

Die Anti-Ebeling Kampagne war darüber hinaus ja noch erfolgreicher. In Goslar habe ich zusätzlich, zumindest in einigen Kreisen, meine Reputation verloren. Ich bin, auch nach der Abberufung, über Monate in der Presse öffentlich dargestellt worden. Zum Schluss ging es im Wesentlichen um meine Tätigkeit als Kita-Leitung. Was ich da teilweise in der Zeitung lesen muss, verletzt mich und manches empfinde ich subjektiv als Beleidigung und falsche Tatsachenbehauptung. Ich fühle mich, durch in Goslar tätige Dritte, auch in meinen Persönlichkeitsrechten verletzt.

Die Abberufung hat geschmerzt, dieser Schmerz ist aber heilbar. Ich glaube, dass deutlich geworden ist, dass es um mehr als die Abberufung einer unfähigen oder irregeleiteten Gleichstellungsbeauftragten ging. Dieses Mehr dann in den Medien lesen zu können, hat mich gefreut. Auch die Aufmerksamkeit für die damit verbundenen Gedankengänge fand ich erfrischend. Das ist nicht nur mein Verdienst. Viele Menschen haben daran mitgewirkt, das Thema Mann und Frau einmal deutlich anders konnotiert in die Öffentlichkeit zu bringen. Auch dafür hat sich mein Einsatz gelohnt.

Sicher ist es nur meine subjektive Meinung, wenn ich behaupte, dass die der Abberufung folgenden Ereignisse in Goslar in unmittelbarem Zusammenhang mit meinem Engagement als Gleichstellungsbeauftragte stehen könnten. Obwohl es in der Niedersächsischen Gemeindeordnung heißt, dass die Tätigkeit als Gleichstellungsbeauftragte keine negativen beruflichen Auswirkungen auf die Inhaberin dieses Amtes haben soll, ist es so passiert. Ich kann ein einwandfreies Arbeitsverhältnis und ebensolche Leistungsbewertungen vorweisen. Niemals wurde eine Rüge oder eine Abmahnung erteilt. Mein Führungszeugnis liegt dem Arbeitgeber vor, schließlich arbeite ich in einer Kita, da ist das seit einiger Zeit obligatorisch. Es gibt weder strafrechtlich noch verfassungsrechtlich Zweifel an meiner Person. Ich bin sogar beim Landgericht als Schöffin eingesetzt. Und dennoch.

Innerhalb weniger Wochen und mit mächtigem politischem und menschlichem Einsatz werden innerhalb kürzester Zeit meine beruflichen Leistungen abgewrackt und meine persönlichen und menschlichen Eigenschaften entwertet. Daran hatte eine erkleckliche Anzahl Menschen ein Interesse, eine hohe Motivation und eine große Lust. Auch diese Menschen haben ihr Ziel erreicht und scheinbar obsiegt.

Es gab in den letzten Wochen meiner Tätigkeit als Kita Leitung in meinem beruflichen Umfeld so wenig sichtbare und spürbare Empathie für mich, das hat mich wirklich betroffen gemacht. Wo waren nur die Menschen, die ich für mir wohlgesonnene Mitmenschen und starke Persönlichkeiten hielt? Ich bin von einigen Kolleginnen fachlich und menschlich enttäuscht. Es war sehr hart für mich, als eine sagte: „Das hast du dir alles selbst zuzuschreiben." Das war wie ein Schlag ins Gesicht. Sie hat das nicht nur einmal gesagt. Auch hier war menschliche Nähe immer weniger fühlbar. Einige negative Aussagen von Eltern haben sich in mir eingebrannt. „Frau Ebeling hat hier nichts mehr verloren“, empört sich ein älterer Vater lauthals vor über dreißig anwesenden erwachsenen Menschen über mich. Ich hätte weglaufen mögen, weil in dieser Situation die Anklagen und Vorwürfe Gesichter und Stimmen bekamen.

Den letzten Tag in der Kita beendete in Goslar dann ein weiteres unrühmliches Kapitel um meine Person. Eine Mutter beklagt sich in einem Telefonat bei mir darüber, dass ich bei der Arbeit schlechte Stimmung verbreiten würde und ich solle mal ein fröhliches Gesicht machen. Zu dem Zeitpunkt war meine Tochter gerade eine Woche beerdigt. Mit Kolleginnen entbrennt wenige Minuten später ein Streit. „Wir wollen mit dir nicht mehr zusammenarbeiten“, sagt eine. Als Familie hatten wir in der *Goslarschen Zeitung* eine Traueranzeige geschaltet. Im Kindergarten hat mir niemand kondoliert. Das ist der Tag, an dem ich mich entscheide, Goslar nun doch zu verlassen. Ich werde hinausgehen, nicht zurückschauen und den Staub von meinen Füßen schütteln. Es wird dann auch tatsächlich der letzte Tag in der Kita. Nur noch einmal fahre ich dort vorbei, um die letzten Formalitäten zu regeln und allein für mich Abschied zu nehmen. Es ist dunkel und es regnet, als ich auf dem Heimweg bin. Bettina Wegener singt im Radio. „Gerade, klare Menschen wär’n ein gutes Ziel, Leute ohne Rückgrat ham wir schon zu viel“. Im Anschluss war ich lange arbeitsunfähig.

Tage zuvor bitte ich außerhalb der Kita um kollegiales Feedback zu den Ereignissen in Jerstedt. Da sagen mir andere Kolleginnen, sie fänden, dass die FDP übers Ziel hinausgeschossen sei. Eine moniert, die Presse würde mich kaputt machen. Sie jedenfalls hätte nicht die Energie und Kraft, das durchzustehen. „Das könnte jeder von uns passieren“, meint die nächste Kollegin.

„Das ist Rufmord", findet eine andere, „Warum konnte sich da jeder einfach so zu Wort melden", wundert sie sich. „Monika hat mir leid getan. Das war Mobben und Denunzieren", bringt es die letzte auf den Punkt. Dass mir langjährige Kolleginnen solche Sätze sagen, erleichtert mich, aber es macht mir meine ganze Tragödie auch noch einmal deutlich bewusst.

In dieser vertrauten Runde möchte ich auch etwas dazu sagen. Als ich meine Sicht der Dinge zusammenfasse, fange ich an zu zittern, die Erschütterung über meine Arbeitsverhältnisse überrumpelt mich dann doch. Mit einem Schlag mit der flachen Hand auf den Tisch entlade ich mich. Ich klage fassungslos an und mir laufen die Tränen. Jemand nimmt mich in den Arm. Das musste jetzt mal raus und wirkte befreiend für mich. Diese Kolleginnen schicken mir in der Zeit meiner Erkrankung zu meinem Abschied einen Blumenstrauß. Einen gebührenden Abschied im Kindergarten hat es nicht gegeben.

Eine Mutter steht vor dem Gartentor des Kindergartens, um Unterschriften gegen mich zu sammeln. Ich stelle mir vor, wie andere Mütter mit ihren Kindern an der Hand in die Kita gehen wollen. Da hält sie diese Frauen an. „Komm unterschreib hier, wir wollen, dass die Ebeling nicht mehr Kindergartenleitung sein soll", sagt sie und erklärt, wie toll das Team ist und dass nur die Ebeling alles falsch macht und ein schlechter Mensch ist. Wie wird es einem kleinen Jungen oder einem kleinen Mädchen gehen, wenn es solche Dinge über mich hört? Ich habe dann mittlerweile den Eindruck, dass ich es hier mit einigen Menschen zu tun habe, die wirklich vor nichts zurückschrecken. Die müssen sehr viel Eis in ihrer Seele haben.

Den Kindern habe ich während meiner Erkrankung einen Brief nach Hause geschickt. Ich habe ihnen geschrieben, ich hätte eine neue Arbeit und könnte leider keinen Abschied feiern, weil ich krank geworden sei. „Es hat mir immer viel Spaß mit dir und den anderen Kindergartenkindern gemacht“, schreibe ich und „dich werde ich in guter Erinnerung behalten.“ Mein Abschiedsgeschenk für die Kleinen ist ein gelber Luftballon mit einem Smiley darauf. Der Brief ist mir sehr schwer gefallen, aber ich wollte nicht so einfach aus dem Leben dieser Kinder verschwinden. Solche Art menschlicher Verluste werden noch oft genug auf sie zukommen.

Weil es mir dann schon seit Monaten seelisch und körperlich schlecht geht, kann ich am Ende meines Arbeitsverhältnisses mit der Stadt Goslar meiner Berufstätigkeit dort wochenlang nicht mehr nachkommen. Letztendlich habe ich meinen Arbeitsplatz als leitende Angestellte im öffentlichen Dienst verloren und das mit 52 Jahren. Damit gehen mir nicht nur Privilegien verloren, sondern auch richtig viel Geld. Es droht Langzeitarbeitslosigkeit, und ich frage mich, ob mich nach diesem öffentlichen Rummel überhaupt noch ein Arbeitgeber einstellen wird. Meine existentiellen Sorgen wiegen schwer, jedenfalls für mich. Dritte haben es willentlich und wissentlich in Kauf genommen, dass ich beruflich vernichtet werde. Auf geheimnisvolle Weise gab es da plötzlich verblüffende Bündnisse gegen mich.

Als Mitarbeiterin der Stadtverwaltung muss ich mich aus zweierlei Gründen in dieser Zeit zurückhalten. Es kann arbeitsrechtlich problematisch sein, wenn ich von mir aus auf die Presse zugehe und Dinge richtigstelle. Aber mich fragt ja sowieso kein Redakteur. So werden Aussagen in den Raum gestellt, die mit der betroffenen Person zu erörtern wären, damit diese Stellung beziehen kann. Aber über dieses Stadium der Pressearbeit war man bereits weit hinaus.

Auch im Kontext der Arbeitshierarchien ist es schwierig, mich zu wehren. Im Prinzip muss ich mich an den Vorstellungen meiner Vorgesetzten orientieren, unabhängig davon, ob ich deren Entscheidungen oder Verhalten fachlich richtig finde. Meine

Einwände können leicht überstimmt werden, das ist immer so, wenn Einzahl Mehrzahl gegenüber steht. Das schränkt eigenes Handeln manchmal stark ein.

Im Gegenteil wird mir von einigen Seiten noch übel genommen, dass ich es wage, mit einem persönlichen Schreiben an die Eltern heranzutreten. Das ist ein Versuch meinerseits, die aufgeheizte Stimmung gegen mich zu beruhigen. Ich spreche mit fast jeder Familie. Eine Mutter sagt: „Das war ein schwerer Fehler, dass ich gegen Sie unterschrieben habe", andere verurteilen die aufkeimende Hysterie, fühlen sich aber überfordert, gegen starke örtliche Persönlichkeiten und FDP Politiker anzutreten. In den letzten Monaten meines Arbeitsverhältnisses halte ich mich dann bewusst sehr zurück und trete kaum öffentlich in Erscheinung. Das ist aber nur vorübergehend, denn ich will die Verhandlungen über meinen Auflösungsvertrag nicht gefährden.

Es gibt aber auch schöne Erfahrungen in dieser Zeit, bis zuletzt. So kommen Goslarer auf mich zu, die eine Meinung zu den Ereignissen haben. Sie sind empört und muntern mich auf. Einige Male treffe ich mich mit einer Handvoll Mitstreitern und Unterstützern aus der Region, die Lust auf persönliche Treffen und den Gedankenaustausch über die Goslarer Ereignisse haben. Da wird dann zum Beispiel Pizza gegessen und Wein getrunken. Es werden Zigarren geraucht und mit viel Humor und Gelächter amüsieren wir uns. Wir haben auch über mögliche Strategien nachgedacht und gezielt Absprachen getroffen. Das sind einfache Mitbürger, die ihren gesunden Menschenverstand einsetzen und die ihrer Empörung Hilfe folgen lassen.

Ein Ergebnis dieser Vernetzung, die weit über Goslar hinausgeht, ist das Goslarer Manifest. Wir fordern in einem ersten Schritt:

Familie
Verpflichtende Tests zur Feststellung der biologischen Elternschaft
Gleiche Rechte und Pflichten der biologischen Eltern von Anfang an

Staat
Gleiche Rechte und Pflichten für Männer und Frauen
Gleiche Versorgung und Strukturen für Männer und Frauen

Wissenschaft
Geschlechtsvergleichende Forschung in Geschichte und Gegenwart

Wir verabreden ein Internetportal (http://www.go-man.de) einzurichten, in dem sich möglichst viele Menschen engagieren sollen, die in der Sache mit uns arbeiten möchten. Es ist ein Versuch, der auch misslingen kann, aber besser, als die Hände in den Schoß zu legen.

Die meisten Menschen in Goslar und darüber hinaus können kaum nachvollziehen, was da los ist. Viele sind menschlich und politisch empört. Das bestärkt mich. Die überregionale Zustimmung ist erstaunlich hoch. Ich erhalte immer wieder die Gelegenheit, zur Sache öffentlich zu sprechen, das ehrt mich und zeigt, dass es Menschen gibt, die die Dinge ähnlich sehen wie ich.

Dass es gelungen ist, bundesweit eine größere Gruppe Frauen und Männer zu mobilisieren, wirkt euphorisierend, nicht nur auf mich. Ein Diskurs könnte eröffnet und die gesellschaftliche Mitte stark genug sein, ihn weiter durch- und fortzusetzen. Vielleicht wird daraus noch eine Bewegung. Die „weiße Revolution" vielleicht. Die Farbe Weiß, weil sich jede Farbe im Weiß wiederfindet und Weiß auch für Frieden steht.

In Goslar gibt es jetzt einen neuen Oberbürgermeister. Er ist Mitglied in der CSU, das honoriert sogar Bundeskanzlerin Merkel, wie ich in der *Braunschweiger Zeitung* lesen kann. Der liebe Gott hat Humor. Der neue Mann an der Spitze möchte, dass Goslar weiterhin in den Schlagzeilen ist, aber positiv. An mir soll es nicht liegen.

Seit meinem 15. Lebensjahr begleitet mich eine Gitarre, Klampfe hieß das damals unter uns. Ein paar Griffe bringt mir mein erster Freund bei. Ein älterer Nachbar, ein Franzose, ist ebenfalls sehr hilfreich, als ich die ersten Griffversuche auf den Saiten mache. Den Rest muss ich selbst beitragen. Klar singe ich Lieder von Joan Baez oder Bob Dylan und natürlich will ich die Gesellschaft verändern, aber immer durch Aufklärung und mit friedlichen Mitteln. „Macht kaputt, was euch kaputt macht", war nie mein Slogan.

Viele Menschen, mit denen ich rede, behaupten, die Feministinnen würden „rechte Politik" betreiben. Sie würden demokratiefeindlich auftreten und im Eigeninteresse ein autoritäres politisches System fördern. So schwere Vorwürfe sollte man nicht so einfach und ungeprüft in den Raum stellen. Aber warum sollte man die Strukturen, die Muster, die Aussagen, die Forderungen und das Verhalten jener Menschen und Gruppen, die sich „Feministen" nennen, in den einschlägigen, ideologischen Netzwerken sitzen und scheinbar „gute" Lobbyarbeit für Frauen leisten, nicht auch einmal im Sinne unserer Verfassung beurteilen?

In welchen Bereichen lassen der Feminismus und seine Aktivistinnen nur eine Richtung des Denkens zu? Wo und wie wird möglicherweise die Demokratie ausgehebelt? Treten der Feminismus oder seine Verfechter militant auf? Wo herrscht er mit Willkür? Wo wird Zensur ausgeübt? Auf welche Weise werden durch den Feminismus und seine Agitatoren Menschen herabgesetzt und entwürdigt? Wo verbergen sich in seiner Mitte menschenunwürdige Lebensauffassungen? An welchen Stellen propagiert der Feminismus primitive Werte? Wo tritt er gar gewalttätig auf und outet sich als radikale Bewegung?

Ich habe in meinem Leben oft erlebt, dass die Dinge sich gut entwickeln, wenn ich mit einer Haltung an die Sache herangehe, die man wohl Gottvertrauen nennen kann. In der Regel bin ich dann gestärkt aus diesen Lebenswendepunkten herausgekommen. So wird es auch hier sein. Einmal sagte eine Familientherapeutin, wenn man sich von einem Partner trennt, dann bräuchte man etwa ein Drittel der Zeit, die man verbunden war, um die Beziehung zu verarbeiten. Das habe ich für mich nach meiner Ehezeit mit meinem ersten Mann in Anspruch genommen und fand, dass es stimmen könnte. Für meine Zeit in Goslar werde ich es genauso halten. Es sollte also nach drei Jahren wieder „alles gut sein". Bis dahin ist viel Wasser die Goose heruntergelaufen.

Vielleicht führt mich ja einmal eine Lesereise nach Goslar, oder jemand lädt mich zu einem Vortrag ein. Ich würde nicht Nein sagen.

An einem sonnigen Mittag im Frühjahr 2012 fahre ich mit meinem schwulen Anwalt gen Goslar, um eine Unterschrift zu leisten. Wir unterhalten uns auf dem Weg über die Schubladen, die Leute so in ihren Köpfen haben. Er erzählt, dass sich ein Raumausstatter einmal ziert, einen Auftrag für die Gestaltung der Wohnung eines homosexuellen Paares zu übernehmen. Und eine Frisörin glaubt, dass er sich als schwuler Mann doch wohl gut mit Kosmetikstudios auskennen müsste, und bittet für eine Kundin um einen entsprechenden Tipp. Wir sind uns einig, dass wir in unserem Land schon einmal weiter waren, freier, toleranter.

Dann sitzen wir in einem Büro in der Stadtverwaltung und kontrollieren den Auflösungsvertrag. Ich weiß, dass ich die richtige Entscheidung getroffen habe. Erleichtert unterschreibe ich das Dokument. Für Emotionen nehme ich mir später Zeit.

Zeitgleich ist mein Manuskript jetzt fast vollständig lektoriert. Meine Lektorin hat mich in den vergangenen Monaten wirklich gut begleitet und sich auch durch die wilden Behauptungen Dritter in der Sache nicht aus der Ruhe bringen lassen. Danke dafür.

Mit einem Schlag beende ich zwei für mich wichtige Projekte, und Neuigkeiten stehen auch schon wieder an. Die mündliche Zusage für einen neuen Arbeitsvertrag liegt mir bereits vor. Ohne Unterbrechung geht es beruflich weiter.

Zwischenbilanz

Jetzt habe ich schon etwas Abstand zu den Ereignissen in Goslar bekommen und kann die Dinge mit etwas mehr Ruhe durchdenken. Ich bin dabei, die Erlebnisse Revue passieren zu lassen und für mich weitere Konsequenzen daraus zu ziehen. Es wird noch eine Weile dauern, bis ich mit weniger Emotionalität über meine Erfahrungen werde reden können. Es war für mich eine aufregende Zeit, die mir viel abverlangt, mir aber auch viel gegeben hat. Abschließend kann ich die Ereignisse und Erfahrungen der letzten Jahre noch nicht bewerten. Was ich derzeit tun kann, kommt eher einer weiteren Zwischenbilanz gleich.

Wenn ich noch einmal in dieser Situation wäre, dann würde ich wohl vieles ganz genauso machen. Es gibt ein paar Dinge in meinem Leben, die finde ich für mich unverrückbar und nicht verhandelbar, an denen würde ich auch im Wiederholungsfall festhalten. Das hat viel mit Charakter und Persönlichkeit zu tun und nichts mit einseitig parteilicher Ideologie für Frauen. An einigen Stellen hatte ich das Gefühl, keine Wahl zu haben und mitgerissen zu sein. Wahrscheinlich habe ich nicht alles richtig gemacht oder hätte hier und da Dinge besser tun können. Da werden mir in den nächsten Monaten bestimmt immer wieder mal Lichter aufgehen. Eine so intensive Zeit kann man nicht in wenigen Monaten einfach abstreifen.

Ich würde auf kommunaler Ebene wieder versuchen, für Jungen, Männer und Väter tätig zu sein. Mein eigenes Amt als Gleichstellungsbeauftragte würde ich mit einem Mann teilen wollen. Frauen und Frauenpolitikerinnen sagen oft, Frauen hätten sich weiterentwickelt, während die Männer das nicht getan hätten oder den Entwicklungen ihrer/der Frauen sogar hinterherhinken würden. Frauen sehen scheinbar in vielfacher Hinsicht sogar einen Nachholbedarf bei Männern. Nicht nur das ist ein Grund, warum ich als Gleichstellungsbeauftragte mich heute sogar noch deutlicher für Männer einsetzen würde als ich es in Goslar tat. Mir stehen derweil weit mehr Argumente zur Verfügung, und ich kann Verknüpfungen sehen, die mir in Goslar an mancher Stelle noch fehlten. Ich hatte als Frau das Glück der „Befreiung", nun muss ich auch Ja zu der sich daraus ergebenden Verantwortung sagen und mich für Männer einsetzen.

Es wäre toll, wenn die Bundesgleichstellungsministerin Schröder sich weiterhin dafür einsetzte, Jungen-, Männer-, und Väterprojekte besonders zu fördern. Jetzt habe ich gescherzt. Sie ist Bundesfrauenministerin, die bundesdeutsche gleichstellungspolitische Inkonsequenz zieht sich eben von oben nach unten durch. Ein Ministerium für Frauen – ist das heute noch nötig und richtig?

Ich finde, man muss die gleichstellungspolitische Arbeit da machen, wo sie anfällt. Jetzt sind die Männer dran – und das ist gut so. In allen öffentlichen Haushalten sollte für Jungen- und Männerprojekte Geld zur Verfügung stehen. Es ist keine Schande, zu teilen, sondern eine menschliche Geste. Die bisherige Art staatlicher Frauenprotektion finde ich inhaltlich und personell sehr aufgebläht. Bisher wagt die Politik hier kaum zu kürzen oder geschlechtersensibel umzuverteilen. Die Frauenlobby ist stark und der Aufschrei gegen Veränderungen im Frauenrevier wäre grell. Man muss es dennoch wagen.

So, wie es bei den Frauen bereits der Fall ist, muss es ein bundesweites und starkes Netzwerk für Männer geben und eine ebensolche Männerlobby. Entsprechende Hilfen und Materialien, die auf Männeranliegen aufmerksam machen und für Sympathie für diese Wende in der Gleichstellungspolitik werben, müssten erstellt und bundesweit verteilt werden. Die Öffentlichkeit hat ein Recht auf ausgewogene Berichterstattung über Frauen und Männer und sie hat ein Recht auf eine ebensolche Politik.

Wenn dann noch bundesweit Kampagnen aufgelegt werden, die auf Benachteiligungen von Männern aufmerksam machen und Mittel und Strategien aufzeigen, wie man der Diskriminierung von Jungen und Männern entgegentreten kann, dann würde ich glauben, wir sind im gleichstellungspolitischen Sinne über den Berg. In unserer Gesellschaft müssen Freiheit und Demokratie Vorfahrt haben.

Es wird wohl so sein, dass nur eine diverse Gruppe, die sich an demokratische Regeln hält, wirklich lebendig ist und kluge Lösungen finden wird. Je homogener eine Gruppe ist, umso träger wird sie arbeiten und nicht nur das: „Sie reproduziert sich selbst, statt auf Differenz und Entwicklung zu setzen. Sie nimmt ihre Umwelt nur noch eingeschränkt wahr, sie leidet an Realitätsverlust." So jedenfalls argumentiert Elke Schmitter für die Frauenquote in ihrem Artikel „Es macht keinen Spaß". (Spiegel 11/12) Ob sie richtig liegt? Die gleichen Argumente nehme ich, um gegen die Tendenz zu Gleichschaltung und zu Geschlossenheit in der aktuell überwiegend einseitig parteilichen Gleichstellungsarbeit zu argumentieren. Die derzeitig weitgehend praktizierte Gleichstellungsarbeit reproduziert nur sich selbst, ist eingeschränkt und leidet unter Realitätsverlust.

Kinder sind durch die Forderungen der Frauenbewegung und das Verhalten ihrer ideologischen Aktivistinnen beeinträchtigt und deutlich negativen Auswirkungen ausgesetzt. Als Fachfrau und Gleichstellungsbeauftragte hatte ich da keine Zeit zu verlieren. Wenn es um Kinderschicksale geht, dann zählt jeder Tag. Deshalb habe ich mich als Gleichstellungsbeauftragte entsprechend offensiv für die Gleichberechtigung der Väter eingesetzt. So halte ich es noch heute und würde es im Wiederholungsfall auch als Gleichstellungsbeauftragte tun. Kindeswohl schränkt Elternwohl ein.

Man muss nicht glauben, dass ich bei den Themen „Häusliche Gewalt" oder „Gewalt gegen Frauen" persönlich ein unbeschriebenes Blatt wäre und mir auch deshalb schon kein Urteil in der Sache erlauben könne. Ich trage meinen Opferstatus nicht wie einen Bauchladen vor mir her, weil ich der festen Überzeugung bin, dass es möglich ist, als Frau mit einem Mann wirklich schlimme Erfahrungen gemacht zu haben und dennoch den Glauben an Männer im Allgemeinen und einen Mann im Besonderen nicht zu verlieren. Es ist doch fatal, wenn ein „böser" Mensch es auf destruktive Weise schaffen würde, mich von vielen anderen wunderbaren menschlichen Quellen fern zu halten. So zu verdursten muss hart sein. Niemals in meinem Leben wollte ich „bösen" Menschen und/oder durch sie verursachten schlimmen Ereignissen die Macht geben, sich meiner so zu bemächtigen, dass ich den Glauben an das Menschliche im Menschen verlieren würde und damit nachhaltig zerstört wäre. In mein Wesen und meiner Identität sollten sich schlimme Ereignisse und böse Menschen nicht einnisten dürfen. Das würde diese Missetäter nur noch stärker machen. Manchmal braucht es in einem solchen Fall etwas Zeit oder die Hilfe Dritter.

Ich weiß, dass Frauen Gewalt ausüben und Gewalt unterstützen können, weil sie als Subjekte mit agieren und eigene Beiträge leisten. Wir müssten einsehen, so Prof. Christina Thürmer-Rohr in ihrem Vortrag anlässlich des internationalen Frauentags in Braunschweig, „dass Gewalt nicht an Biologie und Hormone gebunden ist, dass Gewalt nicht im Männlichen ontologisiert werden kann, dass der Begriff Patriarchat nicht heißt, Frauen seien im Nirgendwo".

In meiner Kindheit kannte ich viele Familien, in denen häusliche Gewalt eine Rolle spielte. Wie kann das auch anders sein, in einem Jahrhundert, in dem Menschen Gewalt im Überfluss erlebten? Eine frühe Erinnerung dazu ist eine wirklich dicke Frau und ihr Mann. Einfache Leute in einfachen Verhältnissen würde ich heute sagen. Die Frau arbeitet nicht, kümmert sich um ein Kind. Sie führt den Haushalt, einigermaßen, das erkenne ich bereits als kleines Mädchen. Der Mann teilt der Frau das Haushaltsgeld ein, es gibt in der Familie oft Streit und sie bekommt auch Schläge, wie sie meiner Mutter erzählt. Als kleines Mädchen sitze ich dabei und lausche spielend solchen Geschichten. Nie ist die Rede davon, was die Frau wohl beigetragen oder falsch gemacht haben könnte. Aber oft heißt es, wie schwer die Lebensumstände sind. Solche Art Reden höre ich von Frauen seit Jahrzehnten und deute sie heute als eine Verweigerung, auch die eigenen Anteile am Geschehen zu bewerten.

Mein Vater kann es meiner Mutter irgendwie nie wirklich recht machen, daraus macht die Mutter vor uns Kindern keinen Hehl. So wie ich es erlebe, hat er sich redlich bemüht. Es ist ein wirklich bemitleidenswertes Schicksal für eine Beziehung, wenn man einander immer weniger genügt und die guten Gefühle füreinander verschüttet sind. Dennoch konnten die Eltern auch nicht ohne einander und haben an ihrer Ehe, bis weit über die goldene Hochzeit hinaus, festgehalten. Ich schreibe das hier, weil ich glaube, dass Frauen tausendfach Männern eine ähnliche Rolle zuschreiben. Mit einem Unterschied. Moderne Frauen sind mit ihren Vorwürfen noch weniger zimperlich und verlassen den Mann, wenn er nicht spurt. Frauen weisen Männern dann eine

Zuständigkeit zu, die eigentlich bei der Frau selbst angesiedelt sein sollte. Dann heißt es: „Mach mich glücklich", nicht „Wie kann ich dich glücklich machen."

Einmal gab es einen wirklich schlimmen Streit meiner Eltern, bei dem sie miteinander handgreiflich wurden, sich gegenseitig schlugen und anschrien. Ich sehe mich dazwischen stehen, als meine Mutter die Bratpfanne hebt. Wie jedes Kind habe ich die Mutter geschützt und den Vater gebeten, aufzuhören. Ich war noch zu klein, um die Situation durchschauen zu können. Jahrzehnte später erlebe ich, mit welcher Hartherzigkeit meine nun alte Mutter immer noch meinem jetzt pflegebedürftigen Vater gegenüber antritt. Das war wirklich schwer auszuhalten, aber wohl der Lebensertrag dieser beiden Menschen. Das muss ich so respektieren.

Mein Eindruck ist, dass es vielen Männern in unserer Gesellschaft und in ihren Beziehungen zu Frauen nicht gut geht. Als Frauen sollten wir uns dieser bitteren Wahrheit stellen, wenn wir beidseitig befriedigende Liebesbeziehungen führen wollen. Wir sollten in der Lage sein, hier Abhilfe zu schaffen, ohne dass uns ein Zacken aus der Krone fällt.

Es liegt nahe, dass ich selbst in meinem Leben Übergriffe erlebe. Wir ahnen, dass es wohl kaum eine Kindheit, eine Familie und ein Leben geben kann, in der Gewalt abwesend ist. Gewaltfreiheit ist das Ziel, und wir sind hoffentlich auch in der Gleichstellungspolitik, in den Fragen, die das Miteinander von Frauen und Männern betreffen, in jede Richtung auf der Suche nach Befreiung von Gewalt.

Nicht der Vater war es in meiner Familie, der die Kinder schlug, sondern die Mutter – wie so oft, wenn man den Zahlen glauben kann. Persönliche Frustration und Überforderung entladen sich am Kind, verwerflich, aber im Nachhinein allzu menschlich. Man ist vor vierzig, fünfzig Jahren nicht gerade zimperlich, wenn es um Gehorsam und die Züchtigung von Kindern geht, aber schon fortschrittlicher als vor der französischen Revolution. Im Keller einsperren, mit dem Gürtel schlagen, mit dem Kochlöffel und auf den nackten Hintern, ins Gesicht oder auf die Finger. Lehrer und andere Erwachsene, die mit Kindern zu tun hatten, schlossen sich da nicht aus. Es ist gut, dass wir heute einen gesellschaftlichen Konsens zu einer gewaltfreien Erziehung von Kindern gefunden haben. Es ist allerdings beengt, in der aktuell wieder aufkeimenden öffentlichen Diskussion ausschließlich auf körperliche Gewalt gegen Kinder zu fokussieren. Jede Form der Gewalt gegen Kinder ist ahndungswürdig, noch heute kommt sie oft im Mäntelchen gut gemeinter Pädagogik daher.

Jungen und Männer waren in meinem Leben mir gegenüber nicht nur freundlich. Da habe ich, wie viele Frauen und Männer, auch sehr schmerzliche Erfahrungen mit dem anderen Geschlecht machen müssen. Backpfeifen, böses und körperliches Gerangel, schlimme Beschimpfungen, Machtkämpfe, in denen ich mal unterlag, mal obsiegte. Manchmal kämpften beide Seiten mit unlauteren Mitteln, oder die schwächere Position des anderen wurde schamlos ausgenutzt. Es gab Situationen, in denen war ich auch wehrlos. Es gab sexuelle Übergriffe und Stalking. Mein Leben ist ein Spiegelbild unserer Gesellschaft, wie kann es anders sein. Jedes vierte Mädchen und jeder sechste Junge soll von sexuellen Übergriffen Erwachsener betroffen sein, heißt es immer wieder. Wenn das wahr wäre, dann wäre auch jede vierte Frau und jeder vierte Mann womöglich ein Täter, denn die Gewalt setzt sich scheinbar fort und droht im Leben einer Familie Geschichte zu werden.

Niemandem hilft es jedoch, wenn wir einseitig Männer als Täter verteufeln. „Wir alle sind Täter und wir alle sind Opfer, wenn es um das Zwischenmenschliche geht", sagt Markus Schleinzer in der *Süddeutschen Zeitung* im Interview. Er gab

2012 sein preisgekröntes Spielfilmdebüt. Mit „Michael", heißt es weiter, stellt Schleinzer „das maximal Unbegreifliche und Verwerfliche dar: das erzwungene Zusammenleben eines zehnjährigen Jungen mit einem pädophilen Mann." Es gibt gesellschaftlich ungelöste Probleme, die wir gern verdrängen. Nicht viele wagen es, ihren Finger in diese Wunden zu legen.

Gerade weil ich Erfahrungen mit Gewalt und sexuellen Übergriffen im Laufe meines Lebens gemacht habe, muss ich mich gegen Ausstellungen und Brötchentütenaktionen, wie jene in Goslar, einsetzen. Heute würde ich noch mutiger sein und noch offensiver gegen diese einseitig parteilichen Aktionen vorgehen. Die Fachwelt und die Medien sind verpflichtet, der Öffentlichkeit die Zusammenhänge der Gewalt in Familien deutlich besser transparent zu machen, als es bislang der Fall ist. Es müssen diejenigen zum Schweigen gebracht werden, die den Wissenschaftlern den Mund verbieten wollen. Wir müssen weg von dem Boulevardstil, in dem grob und holzschnittartig über Gewalt in Familien informiert und aufgeklärt wird. Gewalt begleitet uns als Thema seit Menschengedenken und ihre Vermeidung ist wohl auch ein individuelles Lebensprojekt.

Vor wenigen Tage sehe ich die Sendung „Menschen bei Maischberger" zum Thema „Ob Edelpuff oder Billigsex – schafft Prostitution ab". Vier Frauen und zwei Männer diskutieren zur Sache. Ich habe nichts gegen solche Talkshows und Diskussionsrunden, aber ich bin so satt von dieser bestimmten, immer wiederkehrenden Art zu diskutieren, die mir einseitig parteilich, gleichgeschaltet und stereotyp vorkommt.

Im Prinzip laufen die öffentlichen Diskussionen und politischen Debatten zu den sogenannten Frauenthemen doch seit Jahren immer nach dem gleichen Muster ab. Es beginnt damit, dass ein gesellschaftliches Thema auf das Niveau eines sogenannten Frauenthemas reduziert wird. Dabei hat ein Thema kein Geschlecht und erst recht nicht deshalb, weil angeblich nur oder mehr Frauen davon „betroffen“ sind. Im schlimmsten Fall führen Frauen dann einseitig parteiliche Monologe zu diesem Frauenthema und das auch noch in abgeschotteten Frauennetzwerken ohne Männer.

Wie üblich wird für eine Sendung mit Frauenthema Alice Schwarzer bemüht. Nach wie vor tut man so, als sei sie die einzige „Frauenversteherin“ weit und breit, die Hohepriesterin aller „Frauenthemen“. Sie darf sich öffentlich und unwidersprochen als Person und Meinung vor alle Frauen stellen, dabei spricht sie schon seit Jahren nur noch für eine weibliche und oft sogar radikale Minderheit. Sollte Schwarzer jemals diese fundamentale Überfunktion für Frauen im Allgemeinen übertragen worden sein, dann gilt diese jedenfalls nicht auf Lebenszeit, nicht auf und für alle Fälle und sie muss sich spätestens sofort erneut zur Wahl stellen.

Weil es sich in einer solchen Diskussionsrunde also angeblich um ein sogenanntes Frauenthema handeln soll, sind Frauen auch fast immer in der Überzahl. Nicht, weil sie eloquent sind und gut argumentieren, sondern qua Geschlecht. Die wenigen anwesenden Männer vertreten die „böse, geächtete“ Position, die die anwesenden Frauen gemeinsam außer Kraft setzen und der sie die Legitimation entziehen wollen. Sind einmal ausnahmsweise starke männliche Gegenpositionen zu erwarten, dann wird ein mit den Frauen sympathisierender Mann eingeladen. Er wird gebraucht, um das eigene Geschlecht außer Kraft zu setzen, oder zumindest die starke Position in Frage zu stellen. Diese mehr oder weniger heimlichen Bündnisse von Frauen gegen Männer sind äußerst wirkungsvoll.

Die feministischen Sprachrohre verschaffen sich nun in stereotyper Naivität weiten Raum. Wenn sich das Argument eines Mannes dann doch gegen die Mehrheit durchsetzen will, entsteht ein weibliches Stimmengewirr und Durcheinander. So auch bei Maischberger. Der aus meiner Sicht gut argumentierende Volker Beck (parlamentarischer Geschäftsführer Bündnis 90 Die Grünen) soll auf diese Weise wohl zum Schweigen gebracht werden. Als gewiefter Politiker hält er aber durch und plädiert standfest, man solle doch einmal zulassen, dass jemand eine andere Meinung hat als „Sie". Ihm war aufgefallen, dass Schwarzer die Freier gern bestraft sehen will, aber auch behauptet, uneingeschränkt auf der Seite der Prostituierten zu stehen. In Schweden hat das Prostitutionsverbot und die Bestrafung der Freier dazu geführt, dass Prostituierte in die Illegalität gedrängt werden und damit in weitere Gefahr geraten, rechnet Beck den vier Damen vor, von denen zumindest drei für ein solches Gesetz sind. Diese Damen wollen das so nicht hören, werden unfair und laut.

Wie immer ist dann auch in dieser Diskussion die Rede von den Machtverhältnissen zwischen Frauen und Männern, das bringt, wie sollte es anders sein, Alice Schwarzer in die Diskussion ein. Ich kann dieses Gerede über eine Geschlechterhierarchie, die Frauen qua Geschlecht zu Opfern und Männern qua Geschlecht zu Tätern macht, kaum noch ertragen. So eine Behauptung müsste noch einmal gründlich durchdiskutiert werden und sich an den Lebensrealitäten messen lassen. Welche Maßstäbe und Kriterien sind der Hintergrund einer solchen Behauptung? Womöglich ist es ganz anders?

Wäre ich Gleichstellungsbeauftragte, würde ich dieser Art Diskussion entgegentreten, dafür sorgen, dass ein Thema aus verschiedenen fachlichen Richtungen begutachtet werden kann und sich die Zuhörer am Ende eine eigene Meinung bilden können. Auch die Medien sind der Gleichstellung von Mann und Frau verpflichtet und müssen jede Form der Diskriminierung in ihrem Medium ausschließen.

Meine Abberufung war ein Puzzleteil. In den vergangenen Monaten greifen die Medien verstärkt die Themen auf, die auch mir am Herzen liegen und für die meine Abberufung steht. Bildung, Familienrecht, Gewalt, Arbeitswelt. Es gibt Redakteure, die spulen immer noch den bisherigen Meinungsmainstream ab, aber immer mehr andere Redakteure, die die neuen Perspektiven mit hineinbringen. Die Medien sind in dieser Hinsicht mutiger und kreativer geworden, es finden sich vermehrt Menschen, die bereit sind, sich entsprechend in den Medien zu äußern.

Wäre ich heute eine Gleichstellungsbeauftragte, dann könnte ich mir größerer öffentlicher Unterstützung sicher sein. Ich glaube, dass kein zweites Mal in Deutschland eine Gleichstellungsbeauftragte abberufen wird, weil sie sich auch um Jungen-, Männer- und Väteranliegen kümmert. Diese politische und menschliche Peinlichkeit werden sich die Kommunen ersparen wollen. Im Gegenteil ist durch meine Abberufung der öffentliche Druck auf Gleichstellungsbeauftragte gewachsen.

Jede Gleichstellungsbeauftragte muss sich nun fragen, was für eine sie sein will. Eine parteiliche, die Frauen bevorzugt behandelt? Oder eine, die Gleichstellungsarbeit für beide Geschlechter macht?

Die Gemeinde- und Stadträte sollten die Sprache ihrer Bürger sprechen und ihren Gleichstellungsbeauftragten entsprechende Aufträge erteilen. Die Verwaltungen sollten die Stellenbeschreibungen entsprechend ändern und dann auch gleich geschlechtsneutral formulieren. Das wäre eine Wegweisung oder Unterstützung, die jede Stelleninhaberin verdient hätte. Heute würde ich das von den für mich zuständigen Fraktionen und der Verwaltung verlangen. Sie müssten sich für Frauen und Männer positionieren, andernfalls würde ich das Amt ablehnen.

Und jetzt?

Der Feminismus weiß selbst nicht genau, was er ist, auch wenn er lauthals agitiert. Er hat kaum Substanz und arbeitet mit Reizwörtern auf Stichwort. Noch nie hatte er gesellschaftlichen Konsens, weil er immer schon weit weniger als 50 % der Gesamtgesellschaft mit sich führt. Die Demokratie in unserem Land lebt jedoch von Mehrheiten und von hoher Wahlbeteiligung. Schon deshalb müssen wir den feministischen Wildwuchs beseitigen und seine überzogenen Forderungen auf staatliche Protektion für Frauen eindämmen. Gut, bieten wir dem Feminismus für sein Engagement Minderheitenschutz so lange es ihn noch gibt, das hat er sich verdient.

Der Antifeminismus ist eine noch junge Disziplin. Vielleicht die empörte Gegenreaktion auf den feministischen Mainstream, die in jugendlicher Überemotionalität dem Feminismus einen gehörigen Schreck einjagen möchte. Verhältnisse sollen sich ändern und Meinungsverschiedenheiten endlich ausgetragen werden. Seine überwiegend männlichen Akteure wollen nicht länger schweigen, sondern reden und endlich handeln. Sie lassen sich nicht mehr an die feministische Kette legen, wollen „Hochprozentiges" und „Piraterie". Eine neue männliche Anspruchshaltung, die sich vielleicht mit jahrzehntelanger Zurückhaltung oder Zurücksetzung erklären ließe. Er kommt nicht von ungefähr und erfüllt womöglich einen guten Zweck. Wachrütteln und in Frage stellen.

Sie sind Gespielen, die im Eifer zuspitzen. Sie argumentieren auf einer Ebene, die sich deutlich von dem abhebt, was Max Mustermann und Lisa Musterfrau noch nachvollziehen können. Kraftprotze sind beide, die mit Drohgebärden einander in Schach halten wollen. Womöglich sind sie auch der linke und der rechte politische Rand in der Geschlechterdebatte und stärken die Mitte, weil das Gros der Gesellschaft sich diesen Extremen nicht zuordnen will. Vielleicht sind Feminismus und Antifeminismus auch Seitenflügel, die dem gleichstellungspolitischen Flugobjekt Balance ermöglichen und es in den Himmel tragen?

Als Gesellschaft respektieren wir die Freiheit des Einzelnen, ob Mann oder Frau. Wir fordern und fördern von klein auf. Das weibliche Geschlecht hat mit dem Wahlrecht alles erhalten, was es braucht, um Politik zu bestätigen, abzulehnen oder Politik zu machen. Frauen gestalten die Gesellschaft mit, immer schon, weil sie Teil des Ganzen sind und die Geschichte nie ohne den Beitrag der Frauen denkbar ist. Seit dem Grundrecht auf Gleichstellung stehen Frauen alle gesellschaftlichen Bereiche offen. In gerade einmal 100 Jahren und trotz widriger Umstände haben wir Frauen, auch mit Unterstützung von Männern, aus dem Wahlrecht und dem Gleichstellungsgrundsatz viel gemacht.

In den Beziehungen, die Frauen und Männer miteinander führen, ist im Geschlechterkampf und bei aller Toleranz und Vielfalt der vergangenen Jahre, Zwischenmenschliches auf der Strecke geblieben. Um das Glück zwischen Mann und Frau wird es zukünftig wieder gehen müssen. Das ist unser gleichstellungspolitisches Kerngeschäft. Mann und Frau sind ein Ensemble, eine Einheit. Ihr Miteinander weiter zu entwickeln und zu verbessern, kann die herausragende Aufgabe dieser Tage sein.

Gemeinsames Glück findet man am besten dann, wenn man einander nicht als Feinde sieht. Deshalb ist es wichtig, dass wir den Geschlechterkampf in der Gesellschaft und in unseren Beziehungen als beendet betrachten wollen. Wir müssen als Gemeinschaft hierfür keinen offiziellen Friedensvertrag verhandeln und wir benötigen für den gesellschaftlichen Schulterschluss weder die Erlaubnis von Alice Schwarzer noch ihre Unterschrift. Es ist keine gesetzliche Regelung notwendig und auch keine Volksabstimmung. Diejenigen, die den Geschlechterkampf ausriefen, waren nicht legitimiert und sind es auch heute noch nicht. Wir ziehen diese alberne Kriegserklärung einfach zurück und helfen dabei, die entstandenen Kollateralschäden zu beseitigen. Vierzig Jahre Frauenbewegung und Feminismus haben nämlich auch sichtbar Schäden hinterlassen. Diese gilt es weiter aufzuspüren und zu beseitigen. Vielleicht sind auch Wiedergutmachungsgesten angezeigt, dafür sollten wir Frauen uns nicht zu fein sein.

Die einfache Botschaft lautet: Wir wollen keinen Geschlechterkampf mehr.

Literaturangaben

Presse
„Traumtöchter“ in: Emma 2/1986
„Bomberpilotin, Pornoproduzentin“ in: Emma 3/1988
„Beyond bitch“ in: Emma 2/1999
„Häusliche Gewalt, ein Problemaufriss aus kriminologischer Sicht“ in: Der Bürger im Staat, Sicherheit und Kriminalität, (1/2003); www.buergerimstaat.de/1_03/gewalt.htm
Deutsches Jugendinstitut (DJI) Bulletin 75 2/2006; www.g-i-s-a.de/res.php?id=621
„Im Herzen frauenbewegt“ in: Goslarsche Zeitung, 3. August 2008
„Mann darf kein Frauenbeauftragter werden“ in: Braunschweiger Zeitung, 16. August 2008
„Gewalt von Frauen gegen Männer“ in: Agora, (1/2009); www.ku.de/fileadmin/190302/Agora/Agora_1_2009.pdf
„Kinder gehören zur Mutter“ in: Kinderschutz aktuell, (Nr. 1/2010); www.dksb.de/content/ksa2010-01/index.html
„Union fordert mehr Männer als Gleichstellungsbeauftragte“ in:
Der Postillion, 8. Februar 2010; www.der-postillon.com/2010/02/union-fordert-mehr-manner-als.html
Pressemitteilung der Stadt Goslar vom 18. Mai 2011; www.goslar.de/pressemitteilungen/stadtverwaltung-und-buergerservice/3186-ratssitzung-am-17-mai-2011.html
„Gender-Mainstreaming kann allenfalls ergänzen“, Leserbrief Barbara Dancs, in: Goslarsche Zeitung, 20. August 2010
„Offensichtlich Männerbeauftragte“, Leserbrief Martina Siegwarth, in: Goslarsche Zeitung, 10. Oktober 2010
„Der Abschied von der Antibabypille“ in: Die Welt, 27. Oktober 2010
„Warum Frauen weniger verdienen“ in: Braunschweiger Zeitung, 15. November 2010
Jens Alber, „Doppelstandards in der Gleichstellungspolitik“ in: FAZ, 25. März 2011; www.faz.net/aktuell/feuilleton/forschung-und-lehre/geschlechterdebatte-doppelstandards-der-gleichstellung-13100.html
„Erst miteinander reden- dann entscheiden!“, Anzeige Ratsfraktion Goslarer Linke, Rüdiger Wohltmann (V.i.S.d.P.), in: Generalanzeiger Goslar, 1. Mai 2011
„Raus aus der reinen Frauenecke“ in: Frankfurter Allgemeine Sonntagszeitung, 8. Mai 2011
„Zwischen Frau und Mann“ in: Goslarsche Zeitung, 12. Mai 2011
„Eine Lanze für die Männer“ in: Stuttgarter Nachrichten, 16. Mai 2011
„Eine Frau macht sich für Männer stark“ in: Weser Kurier, 16. Mai 2011
„Verlierer“ in: BILD, 17. Mai 2011
„Note 2“ in: Die Welt, 17. Mai 2011
„Entschuldigung rettet Job nicht mehr“ in: Goslarsche Zeitung, 18. Mai 2011
„Gleich, gleicher, Goslar“ in: Die Welt, 18. Mai 2011
„Streit in Goslar“ in: Berliner Morgenpost, 18. Mai 2011
„Auch Männer haben Narben“ in: TAZ Nord, 18. Mai 2011
„Zu spät für Fragen“ in: Goslarsche Zeitung, 18. Mai 2011
„Goslars Gleichstellungs-Gezerre“ in: Braunschweiger Zeitung, 18. Mai 2011
„In der Tüte ihres Schaffens“ in: Süddeutsche Zeitung, 19. Mai 2011
„Zuviel Herz für Männer“ in: Junge Welt, 19. Mai 2011
„Note 2“ in: Die Welt, 22. Mai 2011
„Hexenverbrennung“ in: Die Zeit, 26. Mai 2011
„Kaltgestellt“ in: Süddeutsche Zeitung, 31. Mai 2011
„Goslar ist überall“ in: Deutschlandradio Kultur, Paul-Hermann Gruner, 22. Juni 2011; www.dradio.de/dkultur/sendungen/politischesfeuilleton/1487160
„Diskriminierung, sagt sie, kenne kein Geschlecht“ in: Tages-Anzeiger (CH), 25. Juni 2011
„Hier ärgerliche Frauen, dort ausgelaugte Männer“ in: Der Tagesspiegel, 25. Mai 2011
„Die zu männerlastige Gleichstellungsbeauftragte“ in: Neue Züricher Zeitung, 22. Juni 2011
„Zu männerfreundlich“ in: Die Weltwoche (CH), 23. Juni 2011, Nr. 25)

„Stoppt endlich die Geschlechterapartheid" in: Focus 30/2011, 25. Juli 2011
Leserbrief, Christian Rehse, Dirk Öhne, Mitglieder des Rates der Stadt Goslar,in: Focus 32/2011
„Leser fragen Monika Ebeling" in: Braunschweiger Zeitung, 28. Juni 2011
„Emanzipation für Männer" in: Studi38, Campus Ausgabe Nr. 5/2011;
www.studi38.de/index.php?id=11&tx_ttnews[tt_news]=77&cHash=8c86e6de10655e0aa994ebff421122fe
„Miteinander stark" in: Neue Züricher Zeitung, 26. Juli 2011
„Interview mit Monika Ebeling" in: Der Landspiegel, Nr. 8/2011
„Die Provokateurin" in: Brand eins, Nr. 8.2011
„Die Männerversteherin" in: Stern Nr. 22/2011
„Für diesen Job braucht man eine Gebärmutter" in: Karriere Spiegel, 19. August 2011;
www.spiegel.de/karriere/berufsleben/0,1518,777422,00.html
„Monika Ebeling & die Männer" in: Emma online, 19. August 2008
„FDP will Absetzung Ebeling als Kindergartenleiterin" in: Goslarsche Zeitung 17. August 2011
„Ebelings Verhalten verwerflich und illoyal" in: Goslarsche Zeitung, 31. August 2011
„Die anderen Mitarbeiter machen ihre Arbeit gut", Leserbrief Christine Schulze in: Goslarsche Zeitung, 7. September 2011
„Die Männerversteherin" in: Emma Nr. 300/2011
„Dame sticht König", West ART - talk, Bettina Böttinger;
www.wdr.de/tv/westart/sonntag/sendungsbeitraege/2011/1030/index.jsp
„11 Fragen" in: Clicclac, Stadtmagazin für Leute mit Kindern, Heft 74, Oktober 2011
„Personalie Ebeling spaltet Jerstedt" in: Goslarsche Zeitung, 8. November 2011
„Wenn Frauen Männer schlagen" in: Maxi, Dezember 2011
„Man muss auch mal andere Aspekte denkbar machen" in: Clicclac, Stadtmagazin für Leute mit Kindern, Heft 76, Dezember 2011 und Januar 2012
„Wir alle sind Täter" in: Süddeutsche Zeitung, 26. Januar 2012
„Von der Liebe geschlagen" in: BILD, 26. Februar 2012
„Ende des Kassandra-Syndroms?", Vortrag Christina Thürmer-Rohr, 8. März 2012 in Braunschweig
„Es macht keinen Spaß" in: Spiegel (11/2012)

Literatur

Gerhard Wahrig (Hg.), *Fremdwörterlexikon*, Verlagsgruppe Bertelsmann (1974)
Esther Vilar, *Der dressierte Mann*, Deutscher Taschenbuch Verlag (1979)
Margret Mitscherlich , *Die friedfertige Frau*, Fischer Taschenbuchverlag (1987)
Elfriede Jelinek, *Lust*, Rowohlt Taschenbuchverlag (1989)
Beate Kricheldorf, *Verantwortung: Nein Danke!*, R.G. Fischer Verlag (1998 u. 2001)
Karin Jäckel, *Das Urteil des Salomon*, Bastei Lübbe (2005)
Walter Hollstein, *Was vom Manne übrig blieb*, Aufbau Verlagsgruppe (2008)
Gruner und Kuhla (Hg.), *Befreiungsbewegung für Männer*, Psychosozial Verlag (2009)
Astrid von Friesen, *Schuld sind immer die anderen*, Ellert und Richter Verlag (2006)
Gerhard Amendt, *Scheidungsväter*, Campus Verlag (2006)
Geo Wissen „Väter" (Heft 46/2010)
Bardehle u. Stiehler (Hg.), *Erster Deutscher Männergesundheitsbericht*, W. Zuckschwerdt Verlag (2010)
Peter Döge, *Männer die ewigen Gewalttäter*, VS Verlag (2011)
Gerhard Bergmann, *Lasst eure Kinder in Ruhe*, Kösel Verlag (2011)
Erin Pizzey, *This Way To The Revolution*, Peter Owen (2011)
Alice Schwarzer, *Lebenslauf*, Kiepenheuer & Witsch, (2011)
Ralph Bönt, *Das entehrte Geschlecht*, Pantheon Verlag (2012)
Wladimir Kaminer, *Liebesgrüße aus Deutschland*, Manhattan (2011)

Expertisen

Thomas Gesterkamp, *Geschlechterkampf von rechts*, Friedrich Ebert Stiftung (2010)
Hinrich Rosenbrock, *Die antifeministische Männerrechtsbewegung*, Böll Stiftung (2012)